Leidinger | Der Russische Bürgerkrieg 1917–1922

Kriege der Moderne

Herausgegeben vom Zentrum für Militärgeschichte und Sozialwissenschaften der Bundeswehr

Hannes Leidinger

Der Russische Bürgerkrieg 1917–1922

Reclam

Zentrum für Militärgeschichte und Sozialwissenschaften der Bundeswehr,
Fachbereich Publikationen (0870-01)

2020 Philipp Reclam jun. Verlag GmbH,
Siemensstraße 32, 71254 Ditzingen
Umschlagabbildung: Bewaffnete Soldaten der Roten Armee auf einem Panzerzug.
picture-alliance / Mary Evans Picture Library
Druck und Bindung: Firmengruppe APPL, aprinta druck GmbH,
Senefelderstraße 3–11, 86650 Wemding
Printed in Germany 2020
RECLAM ist eine eingetragene Marke der
Philipp Reclam jun. GmbH & Co. KG, Stuttgart
ISBN 978-3-15-011308-0

Auch als E-Book erhältlich

www.reclam.de

Inhalt

↗ Kellerraum im Haus des Nikolaj Ipatjew in Jekaterinburg, in dem die Zarenfamilie in der Nacht vom 16. auf den 17. Juli 1918 ermordet wurde

1 Höllenszenen

Er bat um eine Wiederholung dessen, was er gerade vernommen hatte. Mehr aber als ein verstörtes, stotterndes »Was?« brachte er nicht mehr hervor. Kurz darauf trafen Nikolaj Romanow, den früheren Zaren Nikolaus II., gleich mehrere Kugeln. Der einst beinahe allmächtige Herrscher des russischen Imperiums sank taumelnd, mit leerem Blick und blutüberströmt zu Boden. Die bewaffneten Männer hatten seinen Tod beschlossen, mit Billigung ihrer Anführer und Vorgesetzten. Und nicht nur er, sondern auch seine Frau, seine Kinder und seine letzten Getreuen sollten sterben. Der Koch Iwan Charitonow, der Diener Alexej Trupp und die Hofdame Anna Demidowa erlitten ebenfalls tödliche Verletzungen.

Die Barbarei der Exekutionen wurde durch ein infernalisches Durcheinander noch gesteigert. Einige der tödlichen Projektile flogen als Querschläger im Raum herum. Ein Schütze verletzte sich an der Hand. Der sich bekreuzigenden Zarin wurde in den Kopf geschossen. Hirnmasse und Blut spritzten aus ihrem zerschmetterten Schädel. Der Lärm wurde ohrenbetäubend, Pulverdampf und Staubschwaden nahmen allen die Sicht. Jakow Jurowskij, der Leiter des Hinrichtungskommandos, ordnete eine Unterbrechung an. Die Türen des Kellerraums, aus dem das Schluchzen, die Schreie und das Stöhnen der noch lebenden Opfer drangen, öffneten sich.

Kurz darauf setzten die Schützen ihr blutiges Treiben fort. Jewgenij Botkin, der Leibarzt der kaiserlichen Familie, hatte sich noch einmal erhoben und fand nun den Tod. Weitere Schüsse prallten indes an den Kleidern der Zarenkinder ab, doch die in ihre Gewänder eingenähten Juwelen schützten sie nur kurz. Ein besonders rücksichtsloser Gehilfe Jurowskijs stach mit dem Bajonett auf den dreizehnjährigen Zarewitsch Alexej ein. Die noch unverletzten Töchter Olga, Tatjana und Anastasia klammerten sich schreiend aneinander. Tatjana traf nun ein Schuss in den Hinterkopf, Olga ein weiterer ins Gesicht. Auf Maria und Anastasia gingen die Mörder mit Bajonett und Pistolen los. Nach zehnminütiger Raserei glaubten die Mörder, alles sei vorüber. Doch beim Hinaustragen der Leichen begannen zwei Mädchen zu keuchen. Wieder kam das Bajonett zum Einsatz. Einige Täter übergaben sich, liefen davon. Jakow Jurowskij, der unterdessen die Sicherung der Wertsachen, vor allem der Edelsteine, überwachte, konstatierte trocken, dass das Umbringen keine leichte Sache sei.

Um drei Uhr morgens, am 17. Juli 1918, verließ ein mit Leichen beladener Lastwagen das »Haus zur besonderen Verwendung«, wie die Täter den Schauplatz der Metzelei in Jekaterinburg im Ural nannten. Die sterblichen Überreste verschwanden im nahegelegenen Wald.

Am selben Tag, um 23 Uhr, wurden die erst kürzlich aus Jekaterinburg in den rund 160 Kilometer entfernten Bergbauort Alapajewsk gebrachten Verwandten des Zaren geweckt. Die sechs Angehörigen der Romanow-Dynastie ließen sich widerstandslos abführen, mit einer Ausnahme: Der Cousin des letzten Monarchen, Sergej Michailowitsch, sträubte sich gegen sein Schicksal, das die anderen – ebenso wie die meisten Opfer von Jekaterinburg – ebenfalls erahnten. Ein Handgemenge entstand, ein Schuss in den Oberarm machte den Widerspenstigen gefügig. Der bereitstehende Pferdekarren brachte die Großfürstinnen und Großfürsten zu einer Eisenmine. Sergej widersetzte sich erneut. Durch einen Kopfschuss starb er vor den Augen der übrigen Opfer. Anschließend wurden die Frauen mit Gewehrkolben niedergeschlagen

Ein Porträt von Nikolaus II. und seiner Familie anlässlich des dreihundertjährigen Thronjubiläums der Romanows 1913

und in einen Schacht gestoßen. Danach widerfuhr den Männern dasselbe Schicksal. Die Täter aber erschraken: Anders als sie es erwartet hatten, lebten die Malträtierten noch. Stimmen waren zu hören. Also wurden Granaten in den Schacht geworfen. Doch nun drang der Psalm »Hilf deinem Volk« an die Ohren der Mörder. Schließlich füllten sie die Mine mit Holz und zündeten es an. Im dichten Rauch erklang nach wie vor der Gesang – bis es still wurde.

Um die Geschehnisse im Ural entstand eine oft pietätlose »Schaurigkeitsindustrie«, die mit Verklärungen und Idealisierungen der Opfer einherging. Zu Recht erinnern manche Historiker und Historikerinnen daran, dass damals sehr viele andere Menschen unter mindestens ebenso schrecklichen, wenn nicht schlimmeren Umständen zu Tode kamen. Dennoch sind die Vorgänge in Jekaterinburg und Alapajewsk aussagekräftig, weil sie das Ausmaß und den Charakter der Gewalteskalation in jenen Jahren, speziell in den Regionen des untergegangenen Romanow-Imperiums, vor Augen führen. Der Furor der Revolutionäre traf unterschiedslos Frauen, Männer und Kinder, Gesunde und Gebrechliche, Junge und Alte. Die Qualen der gefolterten und ermordeten Zarenfamilie standen für den Massenterror, der letztlich zur Auslöschung ganzer Gesellschaftsschichten führte. Die Schicksale der Romanows waren beispielhaft, die Morde von Alapajewsk und Jekaterinburg keine Einzelfälle. Zuvor hatte man bereits Großfürst Michail, den jüngsten Bruder von Nikolaus II., gemeinsam mit seinem Sekretär bei Perm erschossen. Monate später starben Cousins des Zaren in der Peter-und-Paul-Festung in Petrograd, dem heutigen Sankt Petersburg. Zwar konnten andere Mitglieder der einstigen Herrscherdynastie entkommen, doch die neuen Machthaber, die Bolschewiki unter der Führung von Wladimir Iljitsch Lenin, wollten die gesamte Großfamilie ausrotten.

Lenin (1870–1924) spricht vor Arbeiter- und Soldatenräten. Der Parteiführer der Bolschewiki hieß eigentlich Wladimir I. Uljanow und war seit dem Ende der 1890er Mitglied der russischen Sozialdemokratie. Bis 1917 befand er sich zumeist in der Emigration, zuletzt während des Ersten Weltkrieges in der Schweiz.

Die unter der Führung Lenins stehende Partei der **Bolschewiki** bildete sich 1903 durch die Spaltung der 1898 gegründeten russischen Sozialdemokratischen Arbeiterpartei, die sich am Marxismus orientierte. Der Begriff »Bolschewiki« bedeutet im Deutschen ›Gruppe mit der Mehrheit‹ bzw. ›Mehrheitler‹ und ging auf ein knappes Abstimmungsergebnis beim Parteitag 1903 in Brüssel und London zurück. Lenins Anhängerschaft hatte ansonsten keineswegs eine Majorität der russischen Sozialdemokraten hinter sich. 1918 entschieden sich die Bolschewiki für eine Umbenennung: Von nun an hießen sie Kommunistische Partei Russlands, ab 1925 **Kommunistische Partei der Sowjetunion** (KPdSU). Den Beinamen »Bolschewiki« führten sie noch bis 1952.

Die Radikalität war gewiss einem ideologischen Extremismus geschuldet, der die Exzesse jener Jahre wesentlich verschärfte. Aber Fanatismus und ein ins Pathologische gesteigerter Machtmissbrauch allein genügen keinesfalls als Erklärung. Es waren nicht bloß Lenins Gefolgsleute und einige seiner sadistischsten Vollstrecker, die jegliche Hemmungen verloren. Gegner wie Befürworter der alten Ordnung erfasste ein in weiten Teilen der Bevölkerung seit Langem verbreiteter Hass. Auch das veranschaulichen die Ereignisse von Jekaterinburg: Als die Zarenfamilie Ende April 1918 an ihrem letzten Internierungsort eintraf, erwartete sie eine wütende Menge. Schon damals wurde ihr Tod gefordert. Es ist keine Überraschung, dass viele der Romanows, die mit der ständigen Gefahr der Lynchjustiz konfrontiert waren, seit geraumer Zeit mit dem Schlimmsten rechneten.

Ein anderer Prominenter, der in Jekaterinburg festgehalten wurde, war Fürst Georgij Lwow. Er hatte es für kurze Zeit sogar zum russischen Premierminister gebracht. Nach seiner Amtszeit verzweifelte er an der um sich greifenden Brutalität, die das Land heimsuchte. Lwow wollte darin die Rache der über Jahrhunderte Unterdrückten erkennen. Und er war nicht der einzige, der so dachte. Der Schriftsteller Maxim Gorki betrachtete die meisten Russen als »Sklaven von gestern«, die erst spät von der Leibeigenschaft befreit worden waren und sich nun, da sie Macht über andere erlangt hatten, einer zügellosen Gewaltherrschaft hingaben. Gerade Gebildete und Angehörige der russischen Oberschicht

Georgij Lwow (1861–1925) war vor dem Ersten Weltkrieg unter anderem als liberaler Parlamentsabgeordneter aktiv. Seine letzten Lebensjahre verbrachte er in Paris.

trugen auf solche Weise den gängigen Klischees vom »Moskowiterreich« Rechnung. Die jahrhundertealte Gegenüberstellung von der höheren Zivilisation des Westens und der Rückständigkeit und Brutalität, dem Schmutz und der Anarchie des Ostens hatte in den Augen vieler Zeitgenossen sowohl in Russland als auch im Ausland durchaus ihre Berechtigung.

Die Entwicklungen ab 1917 schienen unzählige vorhandene Ressentiments zu bestätigen. Diese konnten sich mit nationalistischen und rassistischen Strömungen verbinden und beeinflussten letztlich auch die späteren nationalsozialistischen Mordfantasien vom »slawischen Untermenschentum«.

Parallel dazu steigerte sich ein bereits allgegenwärtiger Judenhass. Die Pogrome der Vergangenheit lebten auf dem Territorium des untergegangenen Zarenreiches in neuen, bislang ungekannten Dimensionen wieder auf. Nicht wenige glaubten, die »Mosaischen« hätten den Monarchen und seine Familie abgeschlachtet. Jakow Jurowskij, hieß es, sei der Jude »Jankel Jurowskij«. Lenins Schergen hielt man für Exponenten der jüdischen Weltverschwörung.

Langlebige und grenzüberschreitende Stereotypen des Antisemitismus, verbunden mit dem Feindbild des »jüdischen Bolschewismus«: ein Plakat zur Ausstellung »Der ewige Jude« in München, eröffnet am 8. November 1937

Das Schreckbild des »jüdischen Bolschewismus«, das weit über Russland hinaus Wirkung zeigte, entbehrte jedoch jeder Grundlage. Zwar hatten sich angesichts des offenen Antisemitismus im früheren Zarenreich zahlreiche Juden Reformen erhofft, und manche hatten sich deswegen oppositionellen und revolutionären Kräften angeschlossen. Abgesehen von einigen prominenten Parteiführern blieben Juden aber auch in diesen Bewegungen in der Minderheit. Vielmehr wurden die meisten Angehörigen der jüdischen Bevölkerung als politisch Unbeteiligte vollkommen unschuldige Opfer von Gerüchten, Vorurteilen und Feindseligkeiten. Jurowskij und die meisten anderen wiederum, die im »Haus zur besonderen Verwendung« Dienst getan hatten, waren ethnisch gesehen Russen und hielten übrigens – trotz ihrer Hinwendung zu den atheistischen Lenin-Anhängern – noch mehrheitlich am christlich-orthodoxen Glauben fest. Dass bis heute maßgebliche Kirchenkreise in Russland die Schreckenstat von Jekaterinburg als Beispiel eines »jüdischen Ritualmordes« deuten und damit antisemitischen Verschwörungstheorien Vorschub leisten, erscheint daher absurd.

Ein Körnchen Wahrheit steckt hingegen in der oft kolportierten Behauptung, die Gräueltaten seien Fremden bzw. Ausländern anzulasten. Es dienten ungarische Soldaten in jenen Wachmannschaften, die die Zarenfamilie im Auge behalten sollten. Auch spricht manches dafür, dass sich ein Österreicher dem Mordkommando Jurowskijs angeschlossen hatte. Wie aber waren Staatsbürger der Habsburgermonarchie in den fernen Ural gelangt? Und wie war es möglich, dass sich vor den Toren Jekaterinburgs 1918 vor allem Tschechen als militärische Gegner der Bolschewiki formierten? Darauf wird in der Folge genauer einzugehen sein.

Offensichtlich wirkten sehr viele verschiedene Faktoren in jenen Sommertagen des Jahres 1918 zusammen. Innere Aufstände bedrohten Lenins Regime ebenso wie ausländische Kräfte. Wenige Tage nach dem Zarenmord eroberten die erwähnten Tschechen Jekaterinburg. Ein ohnehin zur Gewalt neigendes, nun um sein Überleben kämpfendes kommunistisches Regime schreckte jetzt erst recht nicht mehr vor äußerstem Terror zurück. Die Grausamkeiten trugen dabei bisweilen Züge eines finalen Racheaktes vor dem befürchteten eigenen Untergang. Auch das ist eine durchaus berechtigte Lesart der Jekaterinburger Mordnacht.

Aber wie steht es mit den nicht zuletzt von gebildeten Russen vertretenen Ansichten über einen im eigenen Land besonders verbreiteten Hang zur Barbarei? Entsprechende Mythen ranken sich gerade auch um das Ende der Zarenfamilie und die Gewalt der Bolschewiki. Dennoch ist das gefährliche Gemisch aus Vorurteilen, Aggressionen und Katastrophennachrichten, das sich unter anderem im Sommer 1918 offenbarte, wohl weniger auf eine bestimmte Mentalität, sondern auf allgemeine Eskalationsdynamiken und Gewaltspiralen zurückzuführen. Dergleichen ist auch andernorts gerade für bewaffnete Auseinandersetzungen mit einer starken Einbindung der Zivilbevölkerung und namentlich für Bürgerkriege mit bisweilen drastischen Tendenzen zur weltanschaulichen Polarisierung typisch gewesen.

»Der Krieg ist eine bloße Fortsetzung der Politik mit anderen Mitteln.« Dieser Satz des preußischen Generals und Militärtheoretikers Carl von Clausewitz ist wohl einer seiner meistzitierten. Daraus lässt sich ableiten, dass der Griff zu den Waffen kaum jemals von sozialen Einwirkungen zu trennen ist. Der Krieg ist eben »nie ein isolierter Akt«, wie Clausewitz gleichfalls festhielt. Vielleicht konnte er noch nicht ahnen, wie sehr er mit Blick auf die Welt nach ihm Recht behalten sollte. Der industrialisierte »Volkskrieg« der Massenheere, der fast alle gesellschaftlichen und materiellen Ressourcen in den betroffenen Ländern verschlang, mutierte tendenziell zu einem »totalen Krieg«. Aus ihm – das darf niemals vergessen werden – gingen in der »europäischen Urkatastrophe« des Ersten Weltkriegs ab 1914 Revolutionen hervor. Damit begann in Russland eine der schlimmsten Menschheitstragödien, die sich schwerlich zu einem einheitlichen Bild zusammenfügen lässt: Das einstige Zarenreich versank in Chaos und enthemmter Gewalt.

Mehr noch als der ohnehin kaum begrenzbare Schlagabtausch regulärer Armeen auf dem eigentlichen Schlachtfeld ist jeder Bürgerkrieg dazu prädestiniert, die Grenzen zwischen zivilen und militärischen Bereichen zu verwischen. Allerdings lässt sich das Geschehen im untergehenden bzw. untergegangenen Zarenreich bis 1922 nur unzulänglich mit den Worten »Russischer Bürgerkrieg« erfassen. Auch das wird genauer zu behandeln sein.

Kenner der Ereignisse sprechen oft lediglich von der »Zeit der Wirren«, da sich die Konflikte nicht auf eine Konfrontation zwischen »Roten« und »Weißen« reduzieren lassen. Rote, das waren zunächst die

Bolschewiki und jene, die sich der Regierung Lenins anschlossen bzw. ihr zuarbeiteten. Letztere gehörten auch anderen sozialistischen Parteien an, die den neuen Machthabern zumindest zeitweilig folgten, bis sie gleichfalls zu Opponenten wurden. Die Weißen wiederum schlugen im Kern einen scharf antibolschewistischen Kurs ein. Die damit gemeinten Gruppierungen setzten sich vorwiegend aus ehemaligen Offizieren der Zarenarmee zusammen und vertraten reaktionäre, konservative und nationalliberale Positionen. Daneben gab es aber auch »rötliche« antibolschewistische Streitparteien, »grüne« Bauernrebellen, Bauernarmeen, Agrarsozialisten, Autonomisten und Separatisten, jeweils mit ihren regionalen und nationalen Farben, Banden und Warlords, die sich bisweilen unter den schwarzen Fahnen des Anarchismus sammelten. Die politische Farbpalette veranschaulicht das bunte Gemisch des Konfliktgemenges.

Lenin bei der Einweihung des Marx-Engels-Denkmals in Moskau 1918. Rechts neben ihm Jakow Swerdlow, ein hochrangiges Mitglied der bolschewistischen Partei, der als Vorsitzender des Zentralexekutivkomitees der Räte und formelles Staatsoberhaupt Sowjetrusslands ebenfalls in die Ermordung der Zarenfamilie verwickelt war

Zu dieser vorwiegend internen Fragmentierung kamen häufig noch Akteure aus dem Ausland hinzu. Im (ehemaligen) Zarenreich, und vor allem in seinen Randgebieten, waren am »Bürgerkrieg« neben den genannten Tschechen, Ungarn und Österreichern auch Nachbarstaaten wie das Deutsche Reich und einstige Verbündete Russlands wie Frankreich und Großbritannien beteiligt. All dies muss mit berücksichtigt werden, gerade vor dem Hintergrund des Ersten Weltkrieges und seiner Folgen.

Darüber hinaus ist die globale Wirkung der Ereignisse in den Gebieten des früheren Zarenreichs relevant. Die Russische Revolution von 1917 und die Machtergreifung Lenins sind von weltgeschichtlicher Bedeutung, denn der Kommunismus wurde auf längere Sicht zu einer der einflussreichsten Ideologien des 20. Jahrhunderts. Staaten, deren Herrschaftssysteme sich auf ihn beriefen, prägten über Jahrzehnte das internationale Geschehen. Die Folgen sind bis heute spürbar. Zugleich erinnern die bewaffneten Auseinandersetzungen nach dem Ersten Weltkrieg an gegenwärtige, schwer durchschaubare Konflikte mit vielen staatlichen und nicht-staatlichen Akteuren.

Im Folgenden soll dieser vielschichtige »Bürgerkrieg« auf drei Ebenen beleuchtet werden. Erstens gilt es einen Überblick über die politisch-ideologischen Auseinandersetzungen zu geben (Kapitel 2). Zweitens sollen die militärischen Kontrahenten, das Kriegsbild und die Waffengänge einer Analyse unterzogen werden (Kapitel 3). Schließlich kommt die Perspektive »von unten« zur Sprache, damit die Leserinnen und Leser ein plastisches (Schreckens-)Bild vom Alltag in diesen blutigen Zeiten gewinnen können (Kapitel 4). Eine chronologische Darstellung gibt das Buch also zugunsten dreier thematischer Längsschnitte auf. Einige bedeutende Geschehnisse und Entwicklungen werden in den drei Kapiteln daher wiederholt, aber aus unterschiedlichen Blickwinkeln betrachtet.

➚ »Schlag die Weißen mit dem roten Keil« – Das Plakat des russischen Avantgardisten El Lissitzkij aus dem Jahr 1919 vereinfacht trotz unterschiedlicher Rezeption eine in Wahrheit komplexe Mischung verschiedener politischer, sozialer und militärischer Auseinandersetzungen.

2 Das Konfliktgemenge

Die letzten Jahre des Zarenreiches

Nicht wenige Beobachter sagten das Ende des Zarenreichs bereits vor dem Ersten Weltkrieg voraus, und noch mehr empfanden den Nieder- und Untergang des Reichs im Nachhinein als unvermeidlich und folgerichtig. Gegen diese Sichtweisen spricht allerdings die Tatsache, dass geschichtliche Entwicklungen selten zwangsläufig sind. Der Sturz des letzten Zaren Nikolaus II. war keine ausgemachte Sache. Die Agrarkrise seit der Abschaffung der Leibeigenschaft 1861 sowie die Unruhen in den wachsenden Städten und insbesondere unter der Arbeiterschaft wiesen jedoch auf die Schwäche des Staatsapparates hin.

Außen- und innenpolitische Probleme erschütterten das Regime von Nikolaus II. in den Grundfesten. Infolge der Niederlage im Krieg gegen Japan 1904/05 war Russland in seine erste große Revolution von 1905 bis 1907 geschlittert. Sie endete mit halbherzigen und anschließend oft in Frage gestellten Zugeständnissen an die Aufständischen, die politische Teilhabe und Reformen verlangten. Zugleich trat dabei ein außerordentliches Aggressionspotenzial zutage. Dieses beruhte unter anderem auf den Alltagserfahrungen der vorwiegend ländlichen Bevölkerung, die drakonische Strafen sowohl seitens der eigenen Dorfgesellschaft als auch der »Herrschaft« und der staatlichen Institutionen gewohnt war. Gruppendynamische Prozesse und Rachegefühle trugen zur Eskalation gleichermaßen bei wie die großen sozialen Gegensätze und vorhandenen Feindbilder. Pogrome mit unzähligen jüdischen Opfern wurden zum Merkmal einer Gewaltperiode, die nicht bloß den Zeitraum von 1905 bis 1907 umfasste und deren Beginn genauso schwer zu benennen ist wie ihr Ende.

Trotz gewisser Ähnlichkeiten zwischen den Erschütterungen der ersten Russischen Revolution und jenen am Ende des Ersten Weltkrieges führte jedoch keine direkte Linie bis zum Sturz von Nikolaus II. Gewiss: Die Aufstände wurden ab 1905 brutal unterdrückt. Gestaltungsmöglichkeiten in der konstitutionellen Monarchie blieben einer kleinen Gesellschaftsschicht vorbehalten. Ebenso wenig konnten Industriali-

Eine friedliche Demonstration in Sankt Petersburg Anfang 1905. Ihre gewaltsame Auflösung führte zur ersten großen Revolution in Russland.

sierungsmaßnahmen und Verbesserungen der Agrarproduktion die Kluft zwischen Regierung und Opposition, zwischen den reichen und den armen Bevölkerungsgruppen überbrücken. Unter anderem verschärfte die Radikalisierung der Regimegegner die Gegensätze. Allerdings musste das angeschlagene System nicht zwangsläufig zusammenbrechen, als der Zar im Sommer 1914 seine Soldaten gegen die Mittelmächte Deutschland und Österreich-Ungarn zu den Waffen rief.

Der Hurrapatriotismus zu Beginn des Ersten Weltkrieges, der jedoch lediglich Teile der Stadtbevölkerung erfasste, sowie die »vaterländische Gesinnung« des Parlaments, der Duma, täuschten nur kurzfristig über die Probleme des Landes hinweg. Die Krise verschärfte sich bald über das Maß der bekannten Unzulänglichkeiten hinaus. Strategische und kriegswirtschaftliche Entscheidungen entzweiten die Gesellschaft. Die zivile und militärische Führung des zerbrechlichen Reiches verlor an Einfluss und Gestaltungsspielraum. Um der Kritik an der Unfähigkeit der Zarenherrschaft und ihres Behördenapparates etwas entgegenzusetzen, gründete man Komitees und Spezialausschüsse. Mit ihnen wollten vor allem die lokalen Selbstverwaltungskörper Materialknappheit und Versorgungsengpässe beseitigen. Die höheren Gesellschaftskreise, hieß es in diesem Zusammenhang, hätte man zur Rettung des Reiches schon früher heranziehen sollen. Tatsächlich arbeiteten jedoch die neu gebildeten Gremien vielfach eher gegen- als miteinander. Die Zersplitterung des gesamten Wirtschaftslebens erschwerte die Versorgung zusätzlich. Auf die benötigten Waren warteten Abnehmer oft vergeblich, zumal auch das Transportwesen marode war.

Wirtschaftliche und organisatorische Defizite gingen mit sozialen und politischen Unmutsäußerungen, der Verfolgung von Sonderinteressen und einer schleichenden Auflösung des Reichsgefüges einher. Der Zar, die Armee und die Minister waren 1916/17 weitgehend diskreditiert. Die Opfer, die Soldaten und Zivilisten im Krieg gleichermaßen bringen mussten, verloren in den Augen der Bevölkerung angesichts der Organisationsmängel, der Niederlagen an den Fronten, der steigenden Lebenshaltungskosten, der schlechten Güterverteilung und des Mangels an Nahrungsmitteln endgültig jeden Sinn. Die Desillusionierung vergrößerte sich, als immer mehr Nachrichten über Fehlentscheidungen, Korruption und »Kriegsgewinnlertum« Verbreitung fanden. Hinzu kamen Gerüchte und Meldungen über die Verhaftung von Un-

Soldaten der Petrograder Garnison verbünden sich im Zuge der Februarrevolution 1917 mit den Demonstranten.

ruhestiftern, die es gewagt hatten, ihrer Empörung Ausdruck zu verleihen. Unzufriedenheit und Widerstandsgeist wuchsen, zunächst speziell in den urbanen Zentren. Die Bereitschaft, in den Fabriken zu streiken oder auf den Straßen zu demonstrieren, nahm zu. Sie mischte sich mit einer fundamentalen Systemkritik.

Bei Protestkundgebungen im Februar bzw. März 1917 in der Hauptstadt Sankt Petersburg, die seit 1914 Petrograd hieß, riss die Befehlskette schließlich an ihrer wichtigsten Stelle. Teile der Garnison weigerten sich, weiter auf ihre »rebellierenden Brüder und Schwestern« zu schießen. Auch die Duma widersetzte sich den Anordnungen von Nikolaus II. und gründete ohne seine Zustimmung ein selbstständiges Komitee zur Bewältigung der schwierigen Situation. »Bauernsoldaten« entledigten sich des Öfteren gewaltsam »lästiger« Kommandeure und verbrüderten sich mit der Bevölkerung. Die Räte (russ. *sowjet* für ›Rat‹), die erstmals im Rahmen der Revolution von 1905 gebildet worden waren, traten erneut in Erscheinung. Während ihre Leitungsorgane Kontakt mit den Parlamentariern und mit deren Komitee aufnahmen, dankte der Zar angesichts seines vollständigen Machtverlusts am 15. März 1917 ab. Potenzielle Nachfolger des bisherigen Monarchen verfügten über einen geringen gesellschaftlichen Rückhalt. Der Thron blieb vakant. Die rund dreihundertjährige Herrschaft der Romanows fand ihr Ende.

Autoritätsverlust und Machtwechsel

Die Februarrevolution von 1917 war im Großen und Ganzen eine elementare Erhebung gegen die Monarchie gewesen. Im Augenblick des Thronsturzes begann aber zugleich ein noch umfassenderer Auflösungsprozess. Die neue Provisorische Regierung unter dem liberalen Fürsten Georgij J. Lwow war mit einer Unzahl von auseinanderstrebenden Kräften konfrontiert. Sie bewirkten in der Summe allmählich ein fast völliges Zerfallen der Gesellschaft.

Bezeichnenderweise ging die Zahl der Streiks nach der Wende vom Frühjahr 1917 nicht zurück. Vielmehr wuchs mit den Ansprüchen und Erwartungen der Betriebsbelegschaften das Selbstvertrauen des »Proletariats«. Die Entstehung von Fabrikkomitees offenbarte eine bedeutende Machtverschiebung. Von Direktoren und Arbeitern der Betriebe gleichermaßen der Parteilichkeit verdächtigt, sah sich das Kabinett Lwow vor allem durch die Gewalt des Widerspruchs herausgefordert. Der Einfluss der Bolschewiki stieg. Die seit Februar existierenden »Roten Garden« untergruben die Autorität der städtischen Milizen im Bereich des Sicherheitswesens. Außerdem wurden die Menschen in einer nicht enden wollenden Aneinanderreihung von Versammlungen zunehmend politisiert.

Das Bestreben, im Zuge der Umwälzungen gewonnene Freiheiten beizubehalten, beherrschte nicht zuletzt auf dem Land die weitere Entwicklung. Im Unterschied zu autarken Einzelhöfen, die unter dem Zaren vor 1914 gefördert worden waren, erlebte im Jahr 1917 die Dorfgemeinde als Landumverteilungs- und steuerliches Solidarhaftungskollektiv einen Aufschwung. Die Provisorische Regierung, der schließlich die vor allem agrarische Interessen vertretenden »Sozialisten-Revolutionäre« angehörten, registrierte unter anderem in den zentralen Gebieten eigenmächtige Abholzungen von Wäldern in bisher nicht dage-

Eine Gruppe revolutionärer Milizen in Petrograd 1917

wesenem Ausmaß. Besetzungen und Zerstörungen von Herrenhöfen häuften sich. Die Anarchie war nicht mehr aufzuhalten. Da die Revolutionäre oft von Frontheimkehrern oder Deserteuren angestachelt wurden, kam es ab der Jahresmitte 1917 zu einer weiteren Radikalisierung. Aus den Provinzen Tambow, Pensa, Woronesch, Saratow, Orjol, Tula und Kasan meldete man Fälle von Lynchjustiz an Großgrundbesitzern – teilweise handelte es sich um Racheaktionen für die Hinrichtungen von Bauernrebellen im Gefolge der Revolution von 1905. Allein im September und Oktober legten Bauern außerdem ungefähr 250 Herrenhäuser, also ein Fünftel aller Gutsbesitze dieser Regionen, in Schutt und Asche.

Parallel zur Abrechnung mit der Aristokratie bildeten sich in den jeweiligen Kreisen und Orten eigene Sowjets, die als »Dorfgemeinde in revolutionärer Form« das alte Ideal der dörflichen Selbstverwaltung verkörperten. Bisweilen riefen lokale Räte sogar Dorfrepubliken mit eigenen Hoheitszeichen und Fahnen aus. Nicht wenige stellten außerdem Polizisten oder Richter ein, bildeten Rote Garden und Milizverbände aus Freiwilligen.

Konkurrenz zu den dörflichen Vertretungsgremien gab es auf dem Lande unter derartigen Bedingungen seltener. In der Provinz setzte man eher auf Kooperation. Der Einfluss der Zentralinstanzen blieb in den

Die **Sozialisten-Revolutionäre** gehen auf die Bewegung der Narodniki in den 1860er Jahren zurück. Letztere versuchten, in Distanz zum Marxismus einen russischen Weg zum Sozialismus zu finden, der vor allem dezentral auf die Dorfgemeinde aufbaute. Die radikale Intelligenzija, Vertreter der gebildeten Gesellschaftsschicht, war dabei federführend. Sie wollte »ins Volk gehen«, scheiterte aber zunächst mit dem Versuch einer politischen Aufklärung der Agrarbevölkerung.
1902 schlossen sich Vertreter dieser wiederbelebten Richtung in der geheim gegründeten Partei der Sozialisten-Revolutionäre zusammen. Deren Kampforganisationen bevorzugten den individuellen Terror gegen die Repräsentanten der alten Macht. Die Parteistrukturen blieben allerdings schwach. 1917 spaltete sich die PSR primär in einen rechten und linken Flügel. Letzterer hielt zeitweilig zu den Bolschewiki. Schließlich verschwanden jedoch alle und damit auch die sozialistischen Parteien aufgrund der schrittweisen Errichtung der KP-Alleinherrschaft.

meisten ländlichen Gebieten begrenzt. In Petrograd wiederum hätte der Arbeiter- und Soldatenrat jederzeit die Herrschaft an sich reißen können. Viele erblickten in ihm die höchste Autorität, zumal sich die Regierung trotz pazifistischer Grundstimmung in der Bevölkerung zur Weiterführung des Krieges gegen die Mittelmächte entschlossen hatte.

Das Fass zum Überlaufen brachte Außenminister Pawel N. Miljukow: Er sprach sich nicht nur für den Fortbestand des Kriegsbündnisses mit den Westmächten aus, sondern schien sogar von Gebietsgewinnen und einem »Siegfrieden« zu träumen. Ein Sturm der Entrüstung fegte Miljukow aus dem Amt. Eine Regierungsumbildung folgte. Alexander F. Kerenskij übernahm das Kriegsministerium. Er hatte bislang, als einziger Repräsentant der Linken im Kabinett Lwow, das Justizwesen geleitet. An der Seite Kerenskijs traten weitere sozialistische Politiker in die Regierung ein. Sozialisten-Revolutionäre und sozialdemokratische Menschewiki, die sich eigentlich auf die Räte stützten, halfen der schwächelnden Staatsführung auch deshalb, weil sie selbst auf die Übernahme der Macht schlecht vorbereitet waren.

Marxistische Kreise hielten in diesem Zusammenhang außerdem eine »bürgerliche« Phase der Revolution für notwendig. Unter den ge-

»**Menschewiki**« bedeutet im Russischen ›Gruppe der Minderheit‹ oder ›Minderheitler‹, eigentlich richtigerweise eher eine Bezeichnung für ihre Gegner, die Bolschewiki. Tatsächlich waren die Menschewiki als gemäßigtere Richtung der russischen Sozialdemokraten zunächst Lenin und seinen Mitstreitern keineswegs unterlegen. Allerdings verloren die alles andere als einheitlich auftretenden Menschewiki im Laufe des Jahres 1917 gegenüber den Bolschewiki beträchtlich an Boden. Im Sowjetkommunismus letztlich in die Illegalität gedrängt, gründeten sie die teilweise bis nach 1945 bestehende Parteiorganisation im Exil. Ähnliches galt für die Sozialisten-Revolutionäre und die Konstitutionellen Demokraten.

spaltenen Sozialdemokraten schwor allein Lenin seine Partei der Bolschewiki auf eine neue Taktik ein. Nach seiner von den feindlichen Mittelmächten unterstützten Rückkehr aus dem Exil orientierte er sich mit Friedenslosungen und der Forderung, die Räte an die Spitze des Staates zu stellen, an populären Vorstellungen von der Zukunft des Landes. Lenin präsentierte auf diese Weise eine Alternative zu dem von den übrigen Sozialisten mitgetragenen Regierungskurs. Kerenskij und seine Ministerkollegen schienen unterdessen die Kriegsmüdigkeit der Bevölkerung nicht zu erkennen. Sie starteten im Juli 1917 eine neue große Offensive gegen die Mittelmächte, die sogenannte Kerenskij-Offensive. Der Angriff endete in einem Desaster: Nicht nur war dem Vorstoß an den Fronten kein Erfolg beschieden, sondern es meuterten nun auch ganze Regimenter. Die Armee befand sich in Auflösung.

Teile der Streitkräfte stellten sich klar gegen die Staatsführung. Ein Maschinengewehrregiment in Petrograd und die Matrosen der Kronstädter Marinebasis, des bedeutenden Flottenstützpunktes an der Ostsee, zeigten sich entschlossen, die Provisorische Regierung aus dem Weg zu schaffen. Gemeinsam mit ihnen lehnte sich im Juli 1917 eine wachsende Zahl von Demonstranten gegen die bisherige Kriegspolitik auf. Der Gewaltpegel schnellte nach oben – die Februarereignisse schienen sich zu wiederholen. Erneut kamen viele Menschen zu Tode, bis schließlich die Proteste nachließen, ohne einen Systemwechsel bewirkt zu haben. Neben dem Einsatz von Kampfverbänden, die sich gegenüber der bedrängten Regierung loyal verhielten, ent-

Kriegsminister Alexander Kerenskij (1881–1970, links) bei den Truppen im Juli 1917

schied insbesondere die Haltung der Bolschewiki über den Ausgang der Ereignisse. Noch zögerten sie, den bewaffneten Aufstand herbeizuführen. Eine vorzeitige Erhebung könnte mit einer Niederlage enden, warnte Lenin.

Alexander Kerenskij, der Fürst Lwow im Juli als Premierminister ablöste, brandmarkte Lenin sowie dessen Parteigenossen inzwischen als Putschisten und »verräterische Agenten der Deutschen«. Die Bolschewiki, erklärten Vertreter der Regierung, seien im Auftrag Berlins damit befasst, Russland ins Chaos zu stürzen. Etwa 800 Gefolgsleute von Lenin wurden daraufhin verhaftet. Lenin selbst hatte zwar beträchtliche Finanzmittel aus Deutschland erhalten, war aber keineswegs ein willfähriges Instrument von Kaiser Wilhelm und dessen Generälen. Er floh schließlich nach Finnland. Von dort aus plante er den Machtwechsel. Ein Streit über die weitere Vorgehensweise spaltete zwar die Anhänger Lenins. Dieser profitierte aber von der zunehmenden Destabilisierung des Landes. Der Staat, bemerkte der Schriftsteller Konstantin Paustowskij, »zerfiel wie ein Klumpen feuchten Lehms«, und »an der Front schmolz die Armee unaufhaltsam hinweg«.

Während die Gesamtlage auch die Gremien der sozialistischen Regierungsparteien in eine noch tiefere Krise stürzte, verlor das Kabinett

Demonstrationen in Petrograd im Juli 1917. Immer mehr Menschen lehnten die bisherige Kriegspolitik der Provisorischen Regierung ab.

Kerenskij weiter an Boden. In entscheidenden Fragen der Außen-, Friedens-, Sozial- und Agrarpolitik legte es keine Tatkraft an den Tag. Vielmehr gerieten sich der Premier und der neue Oberste Befehlshaber des Heeres, Lawr G. Kornilow, darüber in die Haare, welche Rolle ihnen bei der Wiederherstellung der Ordnung zufallen solle. Kerenskij gelang es schließlich, den Rivalen loszuwerden.

Sein erfolgreiches Auftreten gegen den sogenannten »Kornilow-Putsch« erwies sich jedoch als Pyrrhussieg. Die »sozialistische Einheitsfront«, die Kerenskij gegen die Militärs bildete, half letztlich nur den Bolschewiki, die speziell in den hauptstädtischen Räten bald den Ton angaben. Der wichtigste Mitstreiter Lenins zu jener Zeit, Leo Trotzki, wurde zum Vorsitzenden des Petrograder Sowjets gewählt. Trotzki

Kerenskij und die Provisorische Regierung 1917

lenkte außerdem ab Oktober 1917 ein Militärrevolutionäres Komitee zur Verteidigung gegen vorrückende deutsche Truppen und zur Abwendung der »Konterrevolution«. Damit verfügte er über einen »Generalstab«, dem sich die Garnison der Hauptstadt unterstellte. Kerenskij bekam kaum mehr Unterstützung, um sich gegen den Angriff der Bolschewiki zu verteidigen.

Russland war im Oktober 1917 reif für einen neuerlichen Machtwechsel. In Petrograd vollzog er sich im Umfeld des zweiten Sowjetkongresses vornehmlich als Staatsstreich. Anderswo, vor allem in Moskau, konnte die Räteherrschaft erst nach tagelangen Kämpfen etabliert werden. Dass Lenin obendrein den Umsturz im Namen der Räte zur Etablierung der bolschewistischen Einparteiendiktatur nutzte, vertiefte die Differenzen unter den Linken zusätzlich. Die mächtige Eisenbahnergewerkschaft verlangte daraufhin einen Interessenausgleich zwi-

Demonstration gegen den »Kornilow-Putsch« 1917

Das Ankleidezimmer der Zarin im Winterpalais nach dem Machtwechsel. Die wichtigsten Gebäude wurden von den Bolschewiki und ihren Anhängern in Petrograd handstreichartig und ohne größere Gefechte besetzt.

schen den sozialistischen Kräften und drohte, andernfalls das Transportwesen zum Erliegen zu bringen. Angesichts der Gefechte in Moskau willigte die bolschewistische Parteileitung in Gespräche mit den Menschewiki und den Sozialisten-Revolutionären ein.

Dann aber wendete sich das Blatt. Militärisch gewannen die Bolschewiki vor allem auch in Moskau die Oberhand. Kerenskij stand als Verlierer fest. Die neu geschaffene Regierung, der Rat der Volkskommissare unter der Leitung von Lenin, setzte sich durch. Daraufhin brach Lenin die Verhandlungen ab, um unverzüglich mit den Eisenbahnern hart ins Gericht zu gehen und ihre Gefangennahme zu fordern. Parallel dazu nahm er die parteiinternen Gegner ins Visier, deren Kompromissbereitschaft gegenüber den sozialistischen »Verrätern« er anprangerte. Die Attackierten verließen aus Protest das bolschewistische Zentralkomitee. Fünf Volkskommissare stellten überdies ihre Posten zur Verfügung. Sowohl in der Provinz als auch in der Hauptstadt herrschten Uneinigkeit und Zwietracht.

Nie war Russland der vollständigen Anarchie näher als in den Tagen der Machtergreifung Lenins und in den darauffolgenden Monaten. Der Umsturz hatte unmittelbare Folgen und verlief mancherorts spektakulär. Zum großen Wendeereignis wurde die Oktoberrevolution letztlich aber erst in der Nachbetrachtung, als ihre mittel- und langfristigen Auswirkungen bereits bekannt waren.

Föderalismus, Autonomie, Separatismus

Der Zerfall des alten Russischen Reichs spiegelte sich auch in der Nationalitätenfrage wider. Seit dem Frühjahr 1917 brachten Vertreter der verschiedenen Minderheiten zunächst ihre Forderung nach Autonomie zum Ausdruck. Sozialisten und insbesondere Sozialisten-Revolutionäre befürworteten ein Föderalismuskonzept, wonach die im September ausgerufene Republik als Bundesstaat neu gebildet werden sollte.

Die Konfrontation zwischen Petrograd und der Peripherie des Vielvölkerstaates kam nicht überraschend. Im Grunde hatte schon die Revolution von 1905 eine Revision der bisherigen zentralistischen Politik nahegelegt. Mehr als die Hälfte der Bewohner des von kultureller und konfessioneller Vielfalt geprägten Reiches waren keine Russen. Der

Begriff »russländisch« beschrieb das Reich daher zutreffender als die ethnische Bezeichnung »russisch«. Seit dem späten 19. Jahrhundert durchlief es zudem eine Phase des erstarkenden Regional- und Nationalbewusstseins.

Anfänglich getragen von lokalen Eliten, sickerte die Abneigung gegen eine von der Obrigkeit vorangetriebene Russifizierung allmählich auch in die Unterschichten ein. Das Gros der Bevölkerung, die zu weit über 80 Prozent auf dem Land lebte, hielt zwar an seiner räumlich be-

Panoramagemälde (Ausschnitt). Die »Oktoberrevolution« als opferreiche Massenerhebung war speziell in Bezug auf die Ereignisse in Petrograd ein Mythos der Sowjetführung. Verbreitung fand er in der Retrospektive vor allem durch visuelle Medien. Neben Gemälden waren es insbesondere die Szenenbilder von Sergej Eisensteins Film *Oktober*, die international Wirkung zeigten.

schränkten Lebenswelt fest, ohne eine genaue Vorstellung von den Vorgängen in den Machtzentren zu haben. Allerdings verfügten manche Ortsvorsteher über beträchtlichen Einfluss, wenn sie sich für Programme mit sozialen und nationalen Inhalten aussprachen. In dieser Hinsicht gelang es besonders den Sozialisten-Revolutionären in der Ukraine, die Interessen des Dorfes mit Forderungen nach ethnischer Autonomie und der Anerkennung von regionalen Sprachen und Kulturen zu verbinden.

Europäischer Teil des Russischen Reichs 1914

Die liberalen Konstitutionellen Demokraten (*Kadety*) in der Provisorischen Regierung taten sich mit derartigen Entwicklungen schwer. Die nichtrussischen Völker schienen ihnen für die Gewährung von Selbstverwaltungsrechten oft noch nicht reif genug. Im Laufe des Jahres 1917 schwenkte nahezu die gesamte Führung der *Kadety* auf einen russisch-nationalistischen Kurs ein. Nur den Polen gestand das Kabinett Lwow die Unabhängigkeit zu. Für diesen Kurs bedurfte die Staatsspitze eines Rückhalts, den sie von den Räten auch bekam. Diese schärften in den ersten Monaten nach der Abdankung des Zaren beispielsweise den Finnen ein, einseitige Schritte zur Erreichung der Selbstständigkeit zu unterlassen.

Die Anerkennung einer ukrainischen Volkvertretung, und damit der nationalen Autonomie, löste in Petrograd schließlich zur Jahresmitte 1917 eine Regierungskrise aus. Nach rechts abdriftende *Kadety* zeigten sich empört, drei ihrer Wortführer und Minister traten zurück. Die Befürworter eines russischen Zentralstaates mochten mit einem verhältnismäßig schwach ausgeprägten Nationalgefühl vor allem der Bauern rechnen. Allerdings übersahen sie, dass ihre Unnachgiebigkeit den Trend zum Separatismus begünstigte. Die auf Selbstbestimmung pochenden Kräfte in den Randgebieten des Reiches erhielten nun durchaus massenhafte Unterstützung. Als die immer wieder hinausgeschobenen Wahlen zur Konstituierenden Versammlung (Konstituante) nach der Oktoberrevolution schließlich stattfanden, gewannen etwa in der Ukraine sowie in Estland, Georgien, Finnland und Armenien sozialistische Parteien mit nationalen Forderungen die Mehrheit der Stimmen. Nicht zuletzt unter solchen Bedingungen erkannte der Rat der Volkskommissare in seiner Deklaration vom November 1917 die Loslösung und völlige Unabhängigkeit der Randvölker von Russland an.

Mit den Dekreten unmittelbar nach dem Sturz Kerenskijs reagierte Lenin sowohl auf nationale Unabhängigkeitsbestrebungen als auch auf die Bodenumverteilung auf dem Land und die allgemeine Friedenssehnsucht der Bevölkerung. Hinter den Kulissen dieser propagandistisch ausgeschlachteten Allianz mit dem Volk dominierten hingegen ideologisch eingefärbte Machtkalkulationen. Der »bürgerliche« Nationalismus werde, glaubten führende Bolschewiki, von der grenzüberschreitenden Klassensolidarität überwunden werden. In den Sitzungen der Sowjetregierung war das Bekenntnis zum »Weltproletariat« nicht mehr vom großrussischen Chauvinismus zu trennen. Noch immer zählte man die Randgebiete zum eigenen Einflussbereich. Zwar befürwortete Josef Stalin als Volkskommissar für Nationalitätenfragen die Unabhängigkeit Finnlands von Russland. Und auch Lenin akzeptierte die finnischen Bestrebungen; das Land wurde am 6. Dezember ein selbstständiger Staat. In Wirklichkeit jedoch schürte das Oktoberregime in der Region einen Konflikt, um die frühere russische Vormachtstellung wiederherzustellen.

Das galt auch für die Ukraine, wo die Bolschewiki mindestens ebenso energisch vorgingen. Lenins Gefolgschaft, die die Abspaltung der wichtigen Kornkammer des untergegangenen Zarenreiches fürchten musste, installierte in Charkow eine von Petrograd inspirierte Räteregierung. In der Folge rückten sowjetische Truppenverbände auf Jekaterinoslaw, Poltawa und schließlich auf Kiew vor.

Dort proklamierte die ukrainische Volksvertretung (Rada) nun den souveränen Staat. Fast zeitgleich bekundeten regionale Kräfte im Baltikum und im Kaukasus ihren Wunsch nach Selbstständigkeit. Bis dahin hatten die meisten ethnischen Minoritäten eine Föderation innerhalb der Grenzen des untergegangenen Zarenimperiums zumindest nicht pauschal abgelehnt. Anfang 1918 änderten sich die Voraussetzungen aber grundlegend: Unter anderem wären die Anliegen der Ethnien und damit die Umstrukturierung des Gesamtreiches Sache der Verfassunggebenden Versammlung gewesen – die aber wurde von den Bolschewiki aufgelöst. Da Lenin und seine Gefolgschaft in der weitgehend frei gewählten Volksvertretung keine Mehrheit stellten, entschieden sie sich, eine demokratische Entwicklung frühzeitig zu vereiteln. Gewaltsam wurden Gegendemonstrationen in Petrograd unterdrückt.

Zugleich mussten die Wahlsieger, die Sozialisten-Revolutionäre, erkennen, dass die Bauern, die für sie gestimmt hatten, wenig Anteil an den Vorgängen in der Hauptstadt nahmen und sich mit den Verfügungen der Volkskommissare prinzipiell zufriedengaben. Hinzu kam die Schwäche der nunmehrigen Opposition, die vor allem auf die Konflikte seit der Februarrevolution zurückging. Die Partei der Sozialisten-Revolutionäre war gespalten: Ihre ukrainischen Mitglieder freundeten sich mit nationalen Programmen an, eine linke Fraktion wiederum brach mit der Mutterpartei, um mit den Bolschewiki eine Koalitionsregierung zu bilden. Der Schulterschluss zwischen Arbeitern und Bauern schien sich sowohl auf Regierungsebene als auch in den Räteorganisationen zu manifestieren, zumal die Arbeiter-, Soldaten- und Bauernsowjets zu einer Einheit verschmolzen.

Die rechten Sozialisten-Revolutionäre blieben unterdessen nicht von internen Auseinandersetzungen verschont. Überdies sahen sie sich von liberalen, konservativen und noch weiter rechts stehenden Kräften sowie von autoritären Offizierskreisen herausgefordert. Die Zersplitterung des Parteienspektrums drückte sich in Konflikten zwischen antibolschewistischen Gruppierungen aus, die in Sibirien, im Wolga- und Uralgebiet entstanden. Deren programmatische Uneinigkeit und handfeste politisch-ökonomische Interessenkonflikte beruhten unter anderem auf unterschiedlichen Besitzverhältnissen und Sozialstrukturen in den einzelnen Regionen.

Bisweilen nahmen die Rivalitäten den Charakter von internationalen Konfrontationen an. Das traf zunächst und vor allem für den Gegensatz zwischen den von den Bolschewiki kontrollierten Territorien und jenen Gebieten zu, in denen ihre Widersacher das Sagen hatten. Bezeichnenderweise riefen die Donkosaken wenige Wochen nach der Oktoberrevolution eine eigene Republik aus und spalteten sich damit vom russischen Zentrum ab.

Donkosaken im Spätherbst 1914

Viele Gegner Lenins sprachen es offen aus: Der »Abfall vom Vaterland« war eine Reaktion auf die »despotische Macht«, die »zerstörerische Politik der bolschewistischen Anführer«. Dass auch nach deren erhoffter Niederlage ein föderativer Reichsaufbau Schwierigkeiten bereiten würde, konstatierten indessen britische Beobachter angesichts der Eigenständigkeitsbestrebungen unterschiedlicher Kräfte in der Ukraine, in Weißrussland, am Don und im Kuban-Gebiet: Der Zusammentritt eines wiedereröffneten Zentralparlaments, der von Lenin aufgelösten Verfassunggebenden Versammlung, würde neue Kämpfe zwischen den ethnischen Gruppen mit sich bringen.

Manche Völker lehnten ohnehin eine übergeordnete Staatlichkeit ab und verfolgten separatistische Ziele. 1919 baten etwa Vertreter Aserbaidschans, Georgiens, Estlands, Lettlands, Litauens und der Ukraine um internationale Anerkennung als unabhängige Staaten.

Selbst ohne derartige Bekundungen der Souveränität gingen zudem viele Kosaken, die man lange als patriotische Beschützer des Zarenimperiums und seiner Grenzen betrachtet hatte, auf Distanz zu Großrussland. Zumindest orientierten sie sich nicht an den Machtkämpfen in Moskau oder Petrograd, sondern an der selbstbestimmten Entwicklung ihrer Siedlungsgebiete. Fremdstämmige wurde dort bisweilen brutal verfolgt. Eine regelrechte ethnische Säuberung setzte ein.

Ethnische Russen stellten in den Randgebieten oder in den Städten und Industriegebieten einen durchaus hohen Anteil an der Gesamtbevölkerung. Insofern es sich um Angehörige unterprivilegierter Gesellschaftsschichten handelte, sympathisierten sie mit sozialistischen und probolschewistischen Kräften. Die dünne bürgerlich-aristokratische Schicht mit ihren zerstrittenen politischen Führungsgruppen wurde hingegen im Gefolge der revolutionären Umwälzungen bedeutungslos. Sie musste an der Peripherie den Aufschwung von nationalen Selbstbestimmungsbewegungen mit ansehen, die allerdings erst allmählich eigene Vertretungskörper etablierten. Vorläufig boten die neuen Verwaltungsstrukturen gegen das gleichfalls noch keineswegs gefestigte Oktoberregime kaum Stabilität. Die Zukunft hing deshalb von anderen Einflussfaktoren ab.

Die Intervention der Mittelmächte

Mehr als alles andere prägte unmittelbar nach Lenins Machtergreifung die Haltung der Mittelmächte, also der Deutschen und ihrer österreichisch-ungarischen, bulgarischen und osmanischen Verbündeten, die weiteren Entwicklungen auf dem Boden des einstigen Zarenimperiums. Mit den Generälen und Ministern Wilhelms II. hatten die Bolschewiki, die sich ab dem Frühjahr 1918 Kommunisten nannten, Friedensverhandlungen aufgenommen, die zunächst an den Forderungen Berlins scheiterten. Die Repräsentanten Räterusslands waren sich nicht einig, wie sie darauf reagieren sollten. Einige verlangten den revolutionären Krieg, Trotzki in seiner damaligen Funktion als Volkskommissar für Äußeres propagierte dagegen die Einstellung der Kampfhandlungen ohne ein formelles Abkommen.

Die hauptsächlich auf Zeitgewinn ausgerichtete Taktik Trotzkis änderte an den Kräfteverhältnissen allerdings wenig. Als sich die Truppen

Die Unterzeichnung des Waffenstillstandes zwischen den Mittelmächten und der neuen russischen Sowjetregierung in Brest-Litowsk, Dezember 1917

des Deutschen Reiches und der Habsburgermonarchie ab Februar 1918 wieder in Bewegung setzten und weit ins russische Territorium vordrangen, um ein Friedensabkommen zu erzwingen, schloss sich Trotzki der Position Lenins an. Letzterer bevorzugte aus realpolitischen Gründen ein eigentlich nachteiliges Übereinkommen mit den Deutschen, um der gerade entstehenden Russländischen Sozialistischen Föderativen Republik (RSFR) eine Atempause zu verschaffen. Lenins Regierung, der Rat der Volkskommissare, der sich in jener Zeit aus dem bedrohten Petrograd zurückzog und Moskau als Hauptstadt wählte, unterzeichnete in Brest-Litowsk am 3. März 1918 einen Friedensvertrag mit den Mittelmächten. Die Sowjetführung musste aufgrund der damit verbundenen Gebietsabtretungen auf 34 Prozent der Bevölkerung des ehemaligen Zarenreichs verzichten. Außerdem akzeptierte sie den Verlust von rund 30 Prozent des Eisenbahnnetzes, 32 Prozent des Agrarlandes, 54 Prozent der Industriebetriebe sowie 89 Prozent der Kohlenbergwerke.

In den abgetretenen Gebieten bestimmten nun Deutschland und Österreich-Ungarn die Geschehnisse. Unter ihrem Schutz behaupteten

Der ukrainische Hetman Pawlo Skoropadskyj (1873–1945), flankiert von Generalfeldmarschall Paul von Hindenburg (links) und General Erich Ludendorff (rechts), 1918

sich vorläufig Finnland, die Ukraine, Weißrussland, das Dongebiet, Georgien, Aserbaidschan und Armenien als unabhängige Staaten. Das weitere politische Schicksal des Baltikums war unklar. Im Kaukasus machte sich überdies der Einfluss Großbritanniens und der Türkei bemerkbar.

In Kiew ging während dieser Zeit und unter kräftigem Zutun der Deutschen die Macht von der Volksvertretung auf das konservative Regime des Hetmans Pawlo Skoropadskyj über. Fast zeitgleich rückten Einheiten der Mittelmächte auf Rostow am Don vor, die im Austausch gegen Lebensmittel den dortigen Kosaken Waffen lieferten. Die Kosaken traten gegenüber den Truppen Kaiser Wilhelms II. als Vertreter eines selbstständigen Staates auf. In der Region entstand allerdings seit der Jahreswende 1917/18 auch eine vor allem von russischen Offizieren getragene weiße »Freiwilligenarmee«. Sie hatte das Dongebiet als Operationsbasis für den Kampf gegen die Bolschewiki gewählt und befand sich nach dem frühen Tod ihres ersten Befehlshabers und vormaligen Kerenskij-Rivalen Lawr Kornilow unter dem Kommando von Anton I. Denikin. Sein Kampfverband war den autonomen bzw. separatistischen Bestrebungen in den Randgebieten des untergegangenen Zarenreiches alles andere als wohlgesonnen. Zudem suchte er das Bündnis mit den Gegnern der Mittelmächte, den Ententestaaten bzw. Alliierten.

Ungeachtet ihrer Hinwendung insbesondere zu Großbritannien profitierten Denikin und seine Mitstreiter zunächst aber von den Machtverhältnissen im Westen und Süden des ehemaligen Zarenreiches. Die zum Deutschen Reich tendierenden Donkosaken griffen den Weißen unter die Arme, die in der Ukraine wiederum Rekruten für ihre kleine Streitmacht warben. Deutschland duldete diese Aktivitäten anfangs und zeigte Verständnis für die Gegner Lenins. Gespräche mit den Konstitutionellen Demokraten und Hilfeleistungen für monarchistische Kräfte folgten.

Gleichwohl suchten das Deutsche Reich und die Donaumonarchie auf offizieller diplomatischer Ebene weiterhin die Nähe zu Lenin und den Bolschewiki. Neben strategischen Erwägungen waren es schließlich vor allem ökonomische Absprachen, die die ungleichen Partner in Moskau einerseits sowie in Berlin und Wien andererseits noch enger aneinanderbanden. Angesichts dieser Entwicklung geriet die proalliierte Freiwilligenarmee Anton Denikins unter Druck. Gegen ihre Werbemaßnahmen in der Ukraine gingen die Mittelmächte nun ebenso vor wie gegen die Unterstützung Denikins durch die Donkosaken.

Letztere boten den Weißen zwar immer noch Geld und Waffen an, doch zwischen den antibolschewistischen Kräften – also den Donkosaken, Denikin und auch Skoropadskyj – herrschten Misstrauen und Zwietracht. Der heterogene Widerstand gegen die kommunistische Kremlführung verdankte sein Überleben unter derartigen Bedingungen vor allem der Anwesenheit von Heeresverbänden des Deutschen Reiches und der Habsburgermonarchie. Politik und Militär der Mittelmächte erwiesen sich in dieser Phase als die einflussreichsten ausländischen Machtfaktoren auf dem Gebiet des früheren Zarenreiches.

Lenin betrachtete den innerrussischen Konflikt unterdessen im Wesentlichen schon als beigelegt. Seine Widersacher blieben schwach. Auch die linken Sozialisten-Revolutionäre scheiterten. Nachdem sie aus Protest gegen den Brester Friedensvertrag den Rat der Volkskommissare verlassen hatten, versuchten sie – letztlich vergeblich – durch Aufstände sowie durch die Ermordung des deutschen Botschafters in Moskau, Wilhelm von Mirbach-Harff, die Politik des Sowjetregimes zu verändern. Die RSFSR wandelte sich vor diesem Hintergrund endgültig zur Ein-Parteien-Diktatur der Kommunisten. Menschewiki und Sozialisten-Revolutionäre wurden aus den Sowjetgremien verdrängt. Lenins Sicherheitsorgane, die Einheiten der Geheimpolizei (Tscheka) sowie die unter der Anleitung Trotzkis entstehende Rote Armee schlugen Rebellionen nieder.

Es bedurfte folglich der Einmischung Dritter, um den antibolschewistischen Kräften in jenen Territorien auf die Beine zu helfen, die von den kommunistischen Gefolgsleuten kontrolliert wurden. Der Tschechoslowakischen Legion kam dabei eine Schlüsselrolle zu. Größtenteils gebildet aus ehemaligen Soldaten der kaiserlichen und königlichen (k. u. k.) Armee Österreich-Ungarns, die im Laufe des Ersten Weltkrieges übergelaufen oder in russische Kriegsgefangenschaft geraten waren, kämpfte sie nun gegen die Mittelmächte. Nach dem Brester Friedensvertrag sollte sie – formell dem französischen Oberkommando zugeordnet – über Sibirien und Wladiwostok an die Front nach Westeuropa verlegt werden, um dort die Alliierten im Kampf gegen das Deutsche Reich zu stärken.

Der Abtransport einer gut gerüsteten Streitmacht mit einer Stärke von mehreren zehntausend Mann stellte für die in vielen Regionen

Die Ostfront im Ersten Weltkrieg

immer noch fragile Sowjetherrschaft ein hohes Sicherheitsrisiko dar. Misstrauen kam auf. Die Kremlherren wiederum galten vielen als Marionetten der deutschen Kriegspolitik. Dass die Volkskommissare Kriegsgefangene speziell aus den Reihen des Habsburgerheeres als »Internationalisten« für die Rote Armee anzuwerben versuchten, empfanden die Legionäre als Strategie der Mittelmächte und als unmittelbare Bedrohung. Aus verschiedenen Gründen verzögerte sich die Weiterfahrt der Legionäre nach Wladiwostok. Auseinandersetzungen zwischen lokalen Vertretern der Sowjetmacht und Abteilungen der Tschechoslowakischen Legion riefen schließlich Trotzki auf den Plan. Er ordnete die Entwaffnung der Legion an – notfalls mit Gewalt. Die Situation eskalierte im Mai und Juni 1918: Legionäre leisteten Widerstand und besetzten die gesamte sibirische Bahnlinie bis nach Wladiwostok einschließlich der angrenzenden Gebiete.

Das vorhandene Machtvakuum füllten nun russische Oppositionelle teilweise unter direkter Mitwirkung der Tschechoslowaken. In Samara

Tschechoslowakische Legionäre mit einigen ihrer politischen Führer im Exil. An ihrer Spitze Thomas G. Masaryk, der spätere Staatspräsident der ČSR (sitzend, 2. von rechts)

an der mittleren Wolga bildete sich ein »Komitee der Mitglieder des Konstituierenden Versammlung«, das sich vorwiegend aus Abgeordneten der Sozialisten-Revolutionäre zusammensetzte. Die von den Einheimischen in ihrem Kampf gegen die Bolschewiki nur unzulänglich unterstützten und von Rechten wie Linken gleichermaßen kritisierten neuen Machthaber von Samara hatten den bald wieder vorrückenden Rotarmisten wenig entgegenzusetzen. Bei einer von alliierter Seite mitanberaumten Konferenz in Ufa zeigten sich die Sozialisten-Revolutionäre daher verständigungsbereit gegenüber einer national-konservativen Regierung im sibirischen Omsk. Sie war ebenfalls im Zuge der tschechoslowakischen Erhebung hervorgetreten.

Als Kompromiss entstand daraufhin ein gemeinsames »Direktorium« der verschiedenen Machtzentren. Dem Gremium, das Kompetenzen für Gesamtrussland beanspruchte und überwiegend von Sozialisten-Revolutionären gelenkt wurde, war jedoch kein langes Leben beschieden, da die Kritik und die Einmischung von rechts zunahmen. Im Zuge der Verhaftung und Verfolgung von sozialistischen Gruppierungen etablierte sich mit Zustimmung der Alliierten die Herrschaft des ehemaligen Befehlshabers der Schwarzmeerflotte, Admiral Alexander W. Koltschak. Dessen Ausrufung zum »Obersten Herrscher«, fast

Koltschak (1874–1920, sitzend) an der Front, in Begleitung britischer Offiziere

genau ein Jahr nach der Oktoberrevolution, markierte die Niederlage der nichtbolschewistischen Linken. Mit ihnen verschwanden die regionalen Regierungen. Föderale Konzepte traten nun hinter die Forderung weißer Offiziere zurück, Russland als unteilbares Ganzes zu betrachten.

Auch Koltschaks Herrschaft stand indes auf tönernen Füßen, zumal ihm die Unterstützung der Bevölkerung fehlte. Er verwickelte sich in Auseinandersetzungen mit lokalen Warlords, die obendrein Rückendeckung von den Westmächten und den mit ihnen verbündeten Japanern erhielten. Die Abwehr der Roten oblag während des Jahres 1918 hingegen vor allem den effizienten tschechoslowakischen Legionären. Sollten sich bei ihnen Ermüdungserscheinungen zeigen, bedurfte es, wie Kenner der Lage mutmaßten, eines vermehrten Engagements der Alliierten, um Koltschaks Herrschaft zu sichern.

Die Intervention der Alliierten

US- und Entente-Truppen landeten ab dem Frühjahr 1918 in den nordrussischen Häfen Murmansk und Archangelsk. Die Aktion wurde mit der Präsenz deutscher Truppen in Finnland begründet und ging zunächst im Einvernehmen mit den Bolschewiki vonstatten. Moskau hatte sich vor dem Brester Übereinkommen von den Deutschen bedroht gefühlt und sich daher noch nicht gegen die Fortsetzung des Bündnisses mit der Entente ausgesprochen. Als Anfang April 1918 japanische und britische Verbände auch noch im fernöstlichen Wladiwostok für kurze Zeit an Land gingen, verurteilten die Volkskommissare diesen Schritt allerdings bereits als Beginn eines sowjetfeindlichen Unternehmens.

In den alliierten Stäben kursierten indes Gerüchte über angebliche deutsche Pläne, das gesamte Territorium des früheren Zarenimperiums unter die Kontrolle Berlins zu bringen, vor allem durch die Mobilisierung Hunderttausender deutscher und österreichisch-ungarischer Kriegsgefangener. Derartige Meldungen ließen sich zur Rechtfertigung einer alliierten Intervention ebenso nutzen wie prinzipielle Vorbehalte gegen den Bolschewismus. Entscheidend war jedoch der Wunsch, die deutschen Armeen durch die Wiederherstellung der Ostfront weiterhin von den Kampfschauplätzen in Westeuropa fernzuhalten.

Ausländische Intervention in Nordrussland 1918/19

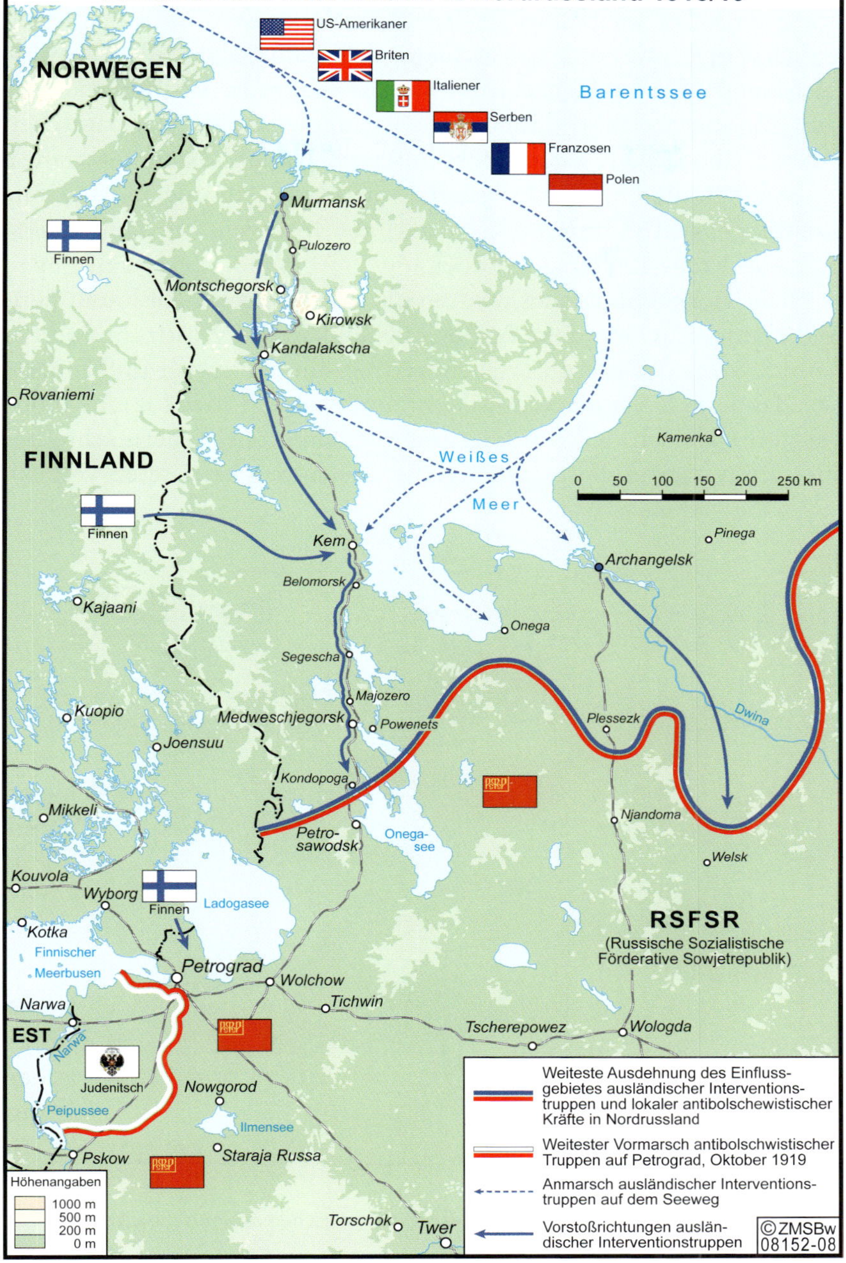

Die konkrete Vorgehensweise blieb unter den Alliierten allerdings umstritten. Der amerikanische Präsident Woodrow Wilson agierte zögerlich. Ein Einsatz von US-Verbänden zielte offiziell vor allem auf Hilfeleistungen für die Tschechoslowakische Legion ab. Wichtig war Washington aber auch die Bildung eines Gegengewichts zu den japanischen Streitkräften. Deren Expansionsgelüste im Fernen Osten entzweiten unterdessen die Entscheidungsträger in Tokio: Den ungenügend aufeinander abgestimmten Befürwortern der Intervention standen dort mächtige Kontrahenten gegenüber.

Nicht viel geschlossener wirkten die Regierungen Großbritanniens und Frankreichs. Mit dem Waffenstillstand an der Westfront und der Annullierung des Brester Friedensvertrags im November 1918 änderte sich dann die Gesamtlage. Antikommunistische Motive für eine Intervention traten in den Vordergrund. Die alliierten Siegermächte befürworteten unter diesen Bedingungen sogar den befristeten Verbleib

Ein Plakat karikiert die US-Unterstützung für die russischen antibolschewistischen Kräfte im Kampf gegen das Sowjetregime.

deutscher Truppen in den westlichen Regionen des untergegangenen Zarenreiches, die dort wenigstens vorübergehend als Schutz gegen das Sowjetregime dienen sollten. Die Ausbreitung der bolschewistischen Ideologie und die Offensiven der Roten Armee spornten indes einige Verantwortliche wie den französischen Generalissimus Ferdinand Foch und den britischen Kriegsminister Winston S. Churchill zu imposanten Kreuzzugsplänen gegen das »rote Moskau« an.

Auch bei den Westmächten überwog allerdings die Abneigung gegen weitere militärische Abenteuer. Nachdem Wilsons Vorschlag, die Bolschewiki und ihre Gegner an den Verhandlungstisch zu bringen, gescheitert war, zogen sich Paris und London 1919 schrittweise aus dem »russischen Abenteuer« zurück. Die vorwiegend an den Schwarzmeerküsten stationierten französischen Truppen wurden abberufen. Hauptsächlich unterstützte Paris nun die Schaffung bzw. Wiederherstellung von mittelosteuropäischen Staaten als Sicherheitsgürtel (*cordon sanitaire*) gegen die Sowjetmacht. Das Konzept setzte sich bei den Siegermächten des Weltkrieges schließlich allgemein durch.

Churchill hatte hingegen im Mai 1919 noch einmal die britischen Einheiten in Archangelsk verstärkt. Doch musste auch er von seiner aktiven Interventionspolitik Abstand nehmen. Der Großteil der Briten verließ bis Herbst 1919 den Kaukasus und Nordrussland. Nur in Batumi am Schwarzen Meer hielten sie sich noch mehrere Monate auf. Die Evakuierungen in Sibirien waren unterdessen in vollem Gang. Als Letzte räumten die Japaner die von ihnen bis zum Oktober 1922 gehaltenen fernöstlichen Regionen um Wladiwostok.

Eine vage Anerkennung der Regierung Koltschak im Juni 1919 war zuvor ohne Folgen geblieben. Die Weißen erhielten vielmehr immer weniger Hilfslieferungen. Vertreter der Westmächte entschieden sich (auch mit Blick auf den Friedenswunsch der eigenen Bevölkerung und vereinzelt vorkommende Meutereien in ihren Streitkräften) für eine langsame Normalisierung der Beziehungen zu Sowjetrussland. Als vorteilhaft für Lenins Herrschaft erwies sich in diesem Zusammenhang die Tatsache, dass sich die Ententestaaten nie zu einem gemeinsamen Vorgehen gegen die Moskauer Führung durchgerungen hatten. Selbst in den Phasen der Konfrontation hielt man die Verhandlungskanäle offen. Gespräche wurden fortgesetzt, Kompromisse gesucht, bilaterale Verträge schließlich angestrebt und ab dem Beginn der 1920er Jahre abgeschlossen.

Die internen Konflikte und die Probleme der Weißen

So widersprüchlich, vielfach unkoordiniert und halbherzig die ausländischen Interventionen wirkten: Antibolschewistische Kräfte waren ohne die Einflussnahme der Mittelmächte und der Alliierten kaum lebensfähig. Als sich die beiden Militärbündnisse zurückzogen, machten sich die Engpässe bei den Feinden des Oktoberregimes fast unverzüglich bemerkbar.

Vor allem viele Weiße blickten zudem mit nostalgischen Gefühlen in die Vergangenheit und verdrängten die tiefergehenden Gründe für den Umsturz. Reformprogrammen schenkten sie im Vergleich zum militärischen Kampf weniger Beachtung. Wiederholte Hinweise, dass endgültige Beschlüsse erst später durch eine Verfassunggebende Versammlung getroffen würden, verliehen ihren Verordnungen einen provisorischen Charakter. Die um sie gescharten politischen Kräfte waren schwach und uneins. Zwar wurden Konzepte für die Zukunft des Landes entworfen, sie blieben aber hinter den aktuellen Entwicklungen in den Städten und Dörfern zurück. Arbeiter und Bauern erblickten in bürgerlich-aristokratischen Kreisen meist ohnehin die Reaktion, sie befürchteten die Rückkehr der Unternehmer und Gutsbesitzer. Die Agrargesetze des Denikin-Nachfolgers Pjotr N. Wrangel erwiesen sich obendrein als komplizierte, unzureichende und schlecht kommunizierte Regelungen.

Oft prägten Rachegefühle, die immer wieder zu Gewaltexzessen führten, die Politik der alten Eliten. Aus der Sicht der Bevölkerung rechtfertigte das ihre Ablehnung. Der Hass der früheren Oberschicht richtete sich hauptsächlich gegen die Juden, die man als »Steigbügelhalter des Bolschewismus« verunglimpfte. Nach unterschiedlichen Schätzungen starben zwischen 50 000 und mehreren hunderttausend Menschen bei Pogromen, für die im Übrigen auch separatistische Kräfte, vor allem die ukrainischen Nationalisten, verantwortlich waren. Antisemitismus machte sich aber ebenso in den Einheiten der Roten Armee breit.

Letztere befand sich unterdessen im Vorteil. Als nach dem Scheitern der sowjetischen Offensive an der Weichsel ein Waffenstillstand und in weiterer Folge ein Friedensvertrag die Kriegshandlungen zwischen Polen und Räterussland beendeten, vermochte sich General Wrangel nicht mehr zu halten. Die Bolschewiki waren nun in der Lage, ihre

Pjotr N. Wrangel (1878–1928, Mitte) war im Ersten Weltkrieg Kommandeur eines Kavalleriekorps und im Bürgerkrieg einer der militärischen Hauptprotagonisten der Weißen. Nach der Niederlage gegen das Sowjetregime lebte er in Bulgarien, Jugoslawien und schließlich in Belgien.

Streitkräfte an der Krimfront zu verstärken und Wrangel Ende 1920 zu besiegen.

Das Eintreten der Weißen für das eine und unteilbare Russland hatte überdies bereits zuvor für Schwierigkeiten gesorgt. Anton Denikin ignorierte ukrainische Nationalgefühle. Seinen wichtigsten Bündnispartnern, den Kosaken, fehlte wiederum der Enthusiasmus für die Offensive gegen Moskau. Abseits ihrer Siedlungsgebiete taten sie sich weniger durch ihre militärische Schlagkraft als vielmehr durch ihre Neigung zu Beutezügen und Gewalttaten hervor.

Nicht anders als im Zuge von Denikins militärischen Operationen war auch Koltschaks Vormarsch von zahllosen Gräueltaten gekennzeichnet. Auf diese Weise gelang es ihm nicht, die Einheimischen für die Ziele der Weißen zu gewinnen. Dabei waren die sozialen Voraussetzungen östlich des Urals oft günstiger, denn dort hatte es kaum adeligen Besitz gegeben. Die Bauern der Region waren vergleichsweise wohlhabend.

Angesichts der Brutalität der weißen Truppen organisierte sich in einigen Regionen der lokale Widerstand gegen die antibolschewistischen Einheiten nicht mehr nur auf Dorfebene. Vielmehr unterstellten sich speziell in der Ukraine gegen Denikin ganze Gebiete rivalisierenden Banden und insbesondere Partisanenführern wie Nestor Machno.

Die Weißen verfügten unter solchen Umständen zumeist weder über die Mittel noch über die Zeit, um ihre Herrschaft in den eroberten Landstrichen zu stabilisieren. Ganz allgemein wirkte es sich außerdem

Nestor Machno (1888–1934) unter seinen Mitstreitern. Seine Anhänger kontrollierten zeitweilig größere Gebiete der Ukraine. Der mit anarchistischen Ideen sympathisierende Machno unterlag schließlich der Roten Armee. Er floh ins Ausland, war zunächst noch an politisch-programmatischen Arbeiten beteiligt, zog sich dann in Frankreich aber weitgehend aus dem öffentlichen Leben zurück.

nachteilig aus, dass sie getrennt voneinander in den Randzonen des untergegangenen Zarenimperiums operierten. Hinzu kamen Konflikte zwischen verschiedenen antibolschewistischen Befehlshabern. Denikin widersetzte sich beispielsweise dem Alleinvertretungsanspruch von Koltschak. Dessen Omsker Regierung konkurrierte wiederum mit Nikolaj N. Judenitsch, der zum Kommandeur einer proalliierten nordwestrussischen Armee aufstieg. Zum Missfallen der Befürworter eines ungeteilten Vaterlandes musste obendrein Judenitsch, der an und für sich separatistische Tendenzen gleichfalls ablehnte, einen Kompromiss mit den nach Unabhängigkeit strebenden Esten schließen. Deren Bereitschaft zur Unterstützung der Weißen hielt sich in Grenzen. Ebenso wie die britischen Einheiten vor Ort verhielten sie sich eher defensiv. Im Herbst 1919 scheiterte Judenitschs Vorstoß auf Petrograd.

Gleichermaßen erfolglos blieb das militärische Vorhaben des Fürsten Pawel Bermondt-Awalow, mit deutscher Hilfe in Lettland Fuß zu fassen und von dort aus nach Osten zu marschieren. Die Siegermächte des

Stabsoffiziere von General Nikolaj Judenitsch in einem vorgeschobenen Gefechtsstand mit Scherenfernrohr. Judenitsch (1862–1933) war im Ersten Weltkrieg Stabschef der russischen Kaukasusarmee. Nach seiner Niederlage gegen die Bolschewiki lebte er in Frankreich.

Ersten Weltkriegs argwöhnten, die Einflusssphäre Berlins könnte sich ungeachtet aller gemeinsamen antikommunistischen Überzeugungen ausweiten. In Riga bereitete eine britische Marineeinheit dem Abenteuer Bermondt-Awalows ein Ende. Lettland, Estland und Litauen schieden aus dem russländischen Staatsverband ebenso aus wie das faktisch seit Mai 1918 unabhängige Finnland.

Die Stabilisierung der bolschewistischen Herrschaft

Während also die Weißen von den Randgebieten des ehemaligen Zarenreiches aus operierten, beherrschte die Sowjetregierung das Zentrum und dessen Ressourcen, die Waffenlager, Industriebetriebe und Verkehrsnetze. Vor diesem Hintergrund gelang es der Kremlführung, einen weitgehend militarisierten Staatsapparat zu straffen. Die neu aufgestellte Rote Armee erwies sich als die wichtigste Stütze des Regimes. Trotzkis Streitkräfte verfügten etwa über mehr als doppelt so viele Infanteristen und Maschinengewehre wie Denikins Verbände. Außerdem griff Trotzki auf Offiziere der Zarenarmee zurück, um die Führungskader seiner Truppen mit militärischen Spezialisten zu ergänzen. Diese in Parteikreisen umstrittene Vorgehensweise erwies sich letzten Endes als sinnvoll. Die Zahl der prosowjetischen Kräfte vergrößerte sich. Trotz Rekrutierungsschwierigkeiten und Desertion befand sich Lenins Regierung im Vorteil gegenüber ihren Feinden: Zur Abwehr der Weißen schlossen sich nämlich lokale Kräfte, so auch Bandenführer wie Machno in der Ukraine, den Roten an. Das zeitweilige Bündnis zwischen den Kommunisten und einer teilweise von Sozialisten-Revolutionären mitgetragenen grünen Bauernrevolution erwies sich jedoch als brüchig. Hinter dem befristeten Schulterschluss wurde eine innere Front im Machtbereich der Bolschewiki sichtbar.

Mit den Gefechten zwischen Befürwortern und Gegnern Lenins ging eine Radikalisierung einher, die sich in Unterdrückungsmaßnahmen gegenüber der Bevölkerungsmehrheit manifestierte. Die meisten Einwohner blieben gegenüber den Streitparteien distanziert und litten gerade deshalb unter Übergriffen der Weißen einerseits und einem zunehmend systematisierten Roten Terror andererseits. Letzterer beruhte auf einem wachsenden Repressionsapparat vor allem der sowjetischen

Das Foto zeigt Felix Dserschinskij (1877–1926) und Josef Stalin (1878–1953). Die beiden hochrangigen Bolschewiki brachten sukzessive den Sicherheits- und Parteiapparat im neuen Sowjetstaat unter ihre Kontrolle. Dserschinskij war erster Chef der Tscheka und leitete die Geheimpolizei bis zu seinem Tod.

Geheimpolizei Tscheka. Im Januar 1919 setzte sie 37 000 Mann in verschiedenen Bereichen ein; bis zum Spätsommer 1921 stieg deren Zahl auf weit über 100 000. Zehntausende Menschen wurden verhaftet, als Geiseln genommen bzw. hingerichtet. Erste Anzeichen eines Lagersystems zur Kontrolle und ökonomischen Ausbeutung der Häftlinge ließen sich erkennen.

Die Eskalation fand wiederum inmitten einer grundsätzlich gewaltbereiten Gesellschaft statt. Dafür verantwortlich war nicht nur die Entwicklung Russlands bis 1914. Insbesondere auch der Erste Weltkrieg als totales Kräftemessen unter Einbeziehung aller materiellen und personellen Ressourcen hatte selbst Landstriche fern der Fronten in dieser Hinsicht geprägt. Die Radikalisierung der Einheimischen durch Heimkehrer aus den Reihen der zerfallenen Zarenarmee und der traditionelle Sittenkodex des Dorfes mit seinen abschreckenden Folter- und Tötungsmethoden trugen zur Brutalisierung bei. Als mindestens ebenso verhängnisvoll erwiesen sich allerdings die Entscheidungen der Kremlführung. Der Kampf gegen die frühere öffentliche Verwaltung und Verstaatlichungsdekrete, die letztlich auch Belegschaften von Fabriken in die Opposition trieben, verschärften die Lage. Die Unzufriedenheit des »Proletariats«, die außerdem durch die Versorgungskrise in den Städten und Industriegebieten gesteigert wurde, äußerte sich in einer beinahe dauerhaften Streikbereitschaft. Selbst innerhalb der bolschewistischen Kader gab es Kritik an der Missachtung der Bedürfnisse von Arbeitern und an der Herrschaft einer wachsenden Parteibürokratie.

Zu allem Überfluss betrachteten sich Lenin und seine Mitstreiter als »rote Insel« in einem »grünen Ozean« antimarxistischer »Bauermassen«. Die Spaltung der Agrargesellschaft, der Feldzug neugegründeter »Komitees der Dorfarmut« gegen »reiche« Bauern und Gemeindevorsteher, das Vorgehen der Beschaffungstrupps bei der Requirierung von Lebensmitteln sowie die Unterdrückung des oft überlebenswichtigen Schwarzmarktes, des Schleich- und Tauschhandels zwischen Dorf und Stadt verstärkten den Widerstand gegen die »Kommissare«. Die Reaktionen der Sowjetregierung – Zwangsrequisitionen und die »Vernichtung der Dorfeliten« – belegen zudem, dass die Maßnahmen einer rücksichtslosen Notstandsdiktatur eng mit vorgefertigten Feindbildern verknüpft waren.

Das ideologische Rüstzeug von Lenins Gefolgschaft trug wesentlich zur Eskalation bei. Bestrebungen, im Zuge des »Kriegskommunismus« speziell den Adelsbesitz in Form von Sowchosen und Kolchosen zu verstaatlichen, erregten den Unmut der Bauern, denn jene betrachteten ihren Anspruch auf das Ackerland als Errungenschaft der Revolution von 1917. Das Bündnis zwischen Volk und Bolschewiki schien aufgekündigt. Die Krise erreichte ihren Höhepunkt, als eine Hungersnot Millionen Menschenleben vernichtete, Bauernrebellionen sich ausbreiteten und die Hälfte der Agrarkollektive zerstört wurde. Die Sowjetregierung verlor 1920/21 speziell die Kontrolle über Westsibirien, ukrainische Gebiete und die Provinz Tambow, etwa 500 Kilometer südöstlich von Moskau gelegen.

Die Aufstände nahmen in erster Linie nach den Niederlagen der Weißen ein für die kommunistische Führung existenzbedrohendes Ausmaß an. Das zeigte sich in den Monaten, die dem Zusammenbruch der Wrangel-Front folgten. Widerstand regte sich vor allem bei den

Kolchosen waren agrarische Kollektivbewirtschaftungsformen. Sie entstanden nach der Oktoberrevolution 1917 aus dem zunächst freiwilligen Zusammenschluss von Bauern, die Selbstverwaltungsbefugnisse auf genossenschaftlicher Basis hatten. Vom Staat erhielt die Kolchose Boden zur unbefristeten Nutzung. Sie verfügte über Gebäude, Maschinen, Vieh und Geld. Neben einer kollektiven war eine private Güterproduktion vorgesehen. Die Mitglieder besaßen auch eigenes Land, dessen Erträgnisse sie auf speziellen Märkten verkaufen konnten.
Im Unterschied dazu befanden sich Anbauflächen und Inventar der seit 1919 gebildeten **Sowchosen** in direktem Staatsbesitz. Die dort angestellten Beschäftigten waren Lohnarbeiter. Der Einfluss insbesondere der Partei war allerdings in beiden Fällen beträchtlich und nahm im Zuge der Zwangskollektivierung unter Stalin noch zu. Die Sowchosen entwickelten sich überdies zu hochspezialisierten landwirtschaftlichen Großbetrieben, besonders für Getreideanbau und Viehwirtschaft. Ihre Ernte machte schließlich fast die Hälfte der sowjetischen Agrarproduktion aus.

Matrosen der Kronstädter Flottenbasis. Vereinzelte Stimmen plädierten für eine Konstituierende Versammlung, doch die Mehrheit forderte einen »freiheitlichen Sozialismus«, eine wirkliche Rätedemokratie. Über lange Zeit zuverlässig gebliebene Gefolgsleute Lenins suchten nun – ebenso wie streikende Arbeiter im nahegelegenen Petrograd – die Konfrontation mit dem Rat der Volkskommissare.

Petrograd, die Stadt der Oktoberrevolution, befand sich 1921 im Aufruhr. Lenin und Trotzki aber reagierten auf die Herausforderung entschlossen: Die Festung Kronstadt zwangen sie mit Waffengewalt in die Knie, um dann gegen andere Unruheherde vorzugehen. In der Ukraine wurden die Kräfte um Nestor Machno vertrieben und aufgerieben, in Tambow die Revolten niedergeschlagen.

Siegreich blieb Lenins Sowjetregierung aber nicht nur dank ihrer Geheimpolizei und ihres militärischen Potenzials, sondern auch, weil es ihr gelang, eine neue, besonders loyale Anhängerschaft hinter sich zu vereinen. Die Rote Armee diente als Schule des Regimes. Zudem trugen die Alphabetisierung der »Massen« und die (ideologische) Erziehung der Jugendlichen aus der Sicht der Kommunisten erste Früchte.

Die Einflussnahme vor allem auf jüngere Generationen alleine half den Bolschewiki aber nur bedingt, ihre prekäre Herrschaft abzusichern. Ungeachtet ihres vergrößerten Repressionsapparats musste die kommunistische Diktatur auch Zugeständnisse an weite Teile der nach wie vor distanziert gebliebenen Bevölkerung machen. Die »Neue Ökonomische Politik« (NÖP) ersetzte das Zwangssystem der staatlichen Lebensmittelbeschaffung durch geringere Abgabenquoten und liberalisierte den Bereich des Gewerbes bzw. der Kleinindustrie.

Fast gleichzeitig mit dem Sieg über die Weißen und die alliierten Interventionstruppen änderte die Sowjetregierung zudem ihre Haltung gegenüber den (zurück)eroberten Randgebieten des früheren Zarenreiches. Die endgültige Machtübernahme in der Ukraine, die Besetzung der kaukasischen Nationalstaaten, die Inbesitznahme Sibiriens und des Fernen Ostens sowie die Beseitigung zentralasiatischer muslimischer Fürstentümer und der Zusammenschluss mit einem bislang von

Kommunistisches Plakat aus dem Jahr 1920: »Wrangel rückt vor! Proletarier zu den Waffen!«

Quelle: Gilbert, The Routledge Atlas of Russian History, The Spread of Soviet Rule in Central Asia 1917 – 1936, S. 103.

Sowjetrussland territorial getrennnten Sowjetturkestan bildeten nicht nur die Voraussetzungen für die 1922/23 erfolgte Gründung der Union der Sozialistischen Sowjetrepubliken (UdSSR). Vielmehr gingen diese Ereignisse auch mit der Förderung nationaler Kulturen und der Einbeziehung einheimischer Kräfte in die Sowjetherrschaft einher. Diese *korenisazija* (›Einwurzelung‹) war eine Antwort auf die vorherigen Unabhängigkeitsbewegungen und die Krise eines »Russländischen Reiches«, das unter roten Fahnen Mitte der 1920er Jahre teilweise neu erstand.

↗ Sowjetisches Gemälde von Michail I. Awilow aus dem Jahr 1930: *Die Rote Armee erobert die Bahnstation Kastornaja im Oktober 1919*

3 Waffengänge und Wendepunkte

Grundlinien

Ein Kampf ohne Pardon, ein ungehemmtes Beutemachen oder Verwüsten von Land- und Ortschaften, ein maßloses Verstümmeln, Vergewaltigen und Massakrieren gaben dem »Russischen Bürgerkrieg« das Gepräge eines »einzigen, großen Pogroms«. Der Schrecken war die entscheidende Waffe, denn Terroristen oder Partisanen können ihre Gegner nicht mit herkömmlichen militärischen Mitteln bezwingen. Was sich vor allem nach dem Sturz des Zaren ereignete, sei – so eine Lesart in der Forschung – auf das Ringen um Menschen und Ressourcen, auf die Zerstörung der Lebensgrundlagen von Kontrahenten ausgerichtet gewesen. Offene Feldschlachten habe es hingegen keine gegeben.

Solche Aussagen basieren nicht zuletzt auf der Unterscheidung zwischen regulären oder irregulären militärischen Auseinandersetzungen: Machtvakuum, Organisationsverlust, ineffektive Befehlssysteme und die Neigung zur Verselbstständigung nachgeordneter Truppenteile verwischten gerade auch in diesem Konflikt die Trennlinien. Die Wiedereinführung von Hierarchien, Strukturen und Planungsinstanzen änderte zunächst wenig am Gesamtcharakter des Krieges. Wie sehr vor allem die Weißen und Roten auch neue oder traditionelle Staatsideen betonen mochten, in der Praxis agierten sie wie paramilitärische Einheiten und Kriegsunternehmer.

Für sie waren Plünderungen als übliche Form der materiellen Existenzsicherung oft wichtiger als das Niederringen des Feindes. Die Analogie zu vormodernen Kriegen, zum Beispiel zum Dreißigjährigen Krieg, drängt sich auf. Die Landbevölkerung griff während der regionalen Bauernaufstände zu Heugabeln, Äxten, Spießen und Hacken. Lenins Streitkräfte etwa gingen andererseits in manchen Agrargebieten mit Panzerwagen und schweren Geschützen, Bombenflugzeugen und Giftgas gegen die Protestbewegungen vor. Die Unübersichtlichkeit der »Zeit der Wirren« spiegelte sich in der Vielfalt der Kampfweisen und Kampfhandlungen wider. Nicht nur trafen Waffen aus einer weit zurückliegenden Vergangenheit auf moderne Zerstörungstechnologien. Das Konglomerat aus unterschiedlichen Konflikten zeichnete sich zu verschiedenen Zeiten durch regionale militärische Besonderheiten aus. Dabei kehrte man gelegentlich durchaus zu konventionellen Gefechtsweisen, Feldschlachten, Belagerungen oder Stellungsbauten wie im Ersten Weltkrieg zurück.

Bestimmend aber blieben andere Faktoren: So mussten sich selbst reguläre Truppen ausländischer Mächte, namentlich deutsche und österreichisch-ungarische Streitkräfte, an den vorherrschenden Klein- und Guerillakrieg diverser Widerstandskräfte anpassen. Das äußerte sich nicht zuletzt in der teilweise erkennbaren Strategie, keine Gefangenen zu machen, da – ganz zu schweigen von ideologischen Motiven – schon für ihre Versorgung und Unterbringung kaum Vorkehrungen getroffen werden konnten.

Eine allgemeine Tendenz zu irregulären Kampfweisen verwandelte während der gesamten Krisen- und Umbruchsperiode die Gebiete des früheren Zarenimperiums in einen einzigen Gewaltraum. Sowohl kleinere Operationen als auch große Feldzüge waren dabei vom Bewegungskrieg geprägt. Obwohl in Stabsplanungen bisweilen von klassischen Fronten die Rede war, existierten hauptsächlich Kampfzonen, in denen die bewaffneten Einheiten schnelle Vorstöße unternahmen oder sich rasch zurückzogen. Den Gegner konnte man oft schwer ausmachen. Hinterhalt, Ausweichmanöver, Umfassungsbewegungen oder einfache schnelle Flucht waren Aspekte dieser mobilen Kriegführung.

Vielerorts wurden die Konfrontationen als »Eisenbahnkrieg« bezeichnet, was auf die Panzerzüge sowie die rasche Verschiebung von Mannschaften und Ausrüstung von Bahnhof zu Bahnhof zurückgeht. Erzählungen sowohl über als auch von Trotzki verklärten seine »fliegende Militäreinheit« zur Legende. Sie war versehen mit Geschützen, Maschinengewehren, Automobilen, kleinen Lastwagen und den Einrichtungen eines »rollenden Befehlsstandes«, inklusive »Propagandaabteilung«, Telegraph, Druckerei und Fotoatelier. Form und Ausstattung entsprachen dem neuesten Stand der Technik.

Entscheidend für die Kriegführung blieben allerdings immer noch vorwiegend Pferde. Speziell Angriffe von Kosakenschwadronen beantworteten die Roten zumindest seit der zweiten Jahreshälfte 1919 mit dem verstärkten Einsatz einer eigenen Kavallerie. Eine Mischung von Neu und Alt stellte überdies die *tatschanka* dar, ein mit Maschinengewehren (MG) versehenes Pferdefuhrwerk.

Sämtliche Kampfverbände litten unter fortwährenden Desertionen. Dass man immer seltener auf Freiwillige zurückgreifen konnte, sondern vermehrt Zwangsrekrutierungen durchführte, verschärfte das Problem. Gleiches galt für Strafaktionen gegen die weitverbreitete Dienstverweigerung oder Fahnenflucht. Der Bewegungskrieg fand vor dem Hintergrund einer häufigen Fluktuation unter den Soldaten statt. Sofern sie nicht gar wegen Disziplinlosigkeit exekutiert wurden, was häufig vorkam, verschwanden sie heimlich aus den Verbänden und traten später wieder in sie ein, wechselten von Partisaneneinheiten zu regulären Truppen oder umgekehrt.

Der Mannschaftsstand schwankte also ständig. Dazu trug im Übrigen noch ein anderer Faktor bei: Schließlich starben während der Kämpfe im ehemaligen Zarenreich mehr Soldaten an Krankheiten als auf dem Schlachtfeld. Cholera, Fleckfieber, Geschlechtskrankheiten, Grippe, Pocken und Typhus setzten den Streitkräften zu. Einige Abteilungen verzeichneten einen Ausfall von bis zu 80 Prozent. 1920 litt rund ein Drittel der Rotarmisten an Typhus. Schlechte Hygiene und mangel-

Eine *tatschanka* der 1. Roten Reiterarmee, 1919

Für den Dienst in der Roten Armee rekrutierte Bauern warten in einer Petrograder Kaserne auf ihre Einkleidung, 1919.

hafte medizinische Versorgung ließen die Zahl der Erkrankungen nach oben schnellen.

Unterdessen änderte sich der Gesamtcharakter der Kämpfe und Feldzüge. Kleinere Einheiten hatten zunächst das Geschehen beherrscht. Nach und nach entstanden jedoch größere Verbände, die teilweise an zusammenhängenden Frontlinien eingesetzt wurden. Die Gegner des Sowjetregimes brachten es in ihren verschiedenen Aufgeboten mitunter auf Zehn- oder Hunderttausende Kombattanten. Die Zahl der Rotarmisten wiederum stieg vom Dezember 1918 bis Mitte 1919 von rund 400 000 auf mehr als 1,5 und bis 1920 auf fünf Millionen.

Verändert hatte sich außerdem die Zusammensetzung der Streitmächte: Nachdem anfangs die meisten Offiziere der Zarenarmee zu den antibolschewistischen Kräften und hauptsächlich zu den Weißen gegangen waren, erzielte Trotzki mit seiner Anwerbung von Militärspezialisten aus der ehemaligen Zarenarmee zunehmend Erfolge. Nicht nur eine Mischung aus Zuckerbrot und Peitsche war dafür verantwortlich. Vielmehr zeigten sich immer mehr Angehörige der alten Heereseliten angesichts des wahrscheinlicher werdenden Siegs der Roten bereit, das Oktoberregime als einzige repräsentative Macht Russlands anzuerkennen. Zwar dienten bei den Weißen rund doppelt so viele Zarenoffiziere, doch ca. 50 000 von ihnen verstärkten letztlich auch Trotzkis Verbände. Das soziale Gefüge der Streitkräfte durchlief also bemerkenswerte Entwicklungen: 1917/18 unterstanden weißen Generälen wie Kornilow und Denikin noch fast ausschließlich Männer mit Offiziersrang. Die prosowjetische Seite griff anfangs wiederum weitgehend auf Mannschaftsangehörige zurück, von denen sich wenige für militärische Führungspositionen eigneten.

Anfänge des »Bürgerkrieges«

Ab wann lässt sich im (ehemaligen) Zarenreich von internen Konfrontationen verschiedener bewaffneter Mächte sprechen, die den Begriff »Krieg« oder »Bürgerkrieg« rechtfertigen? Die Verschärfung von Staatskrise und gesellschaftlichen Konflikten allein scheint als Antwort nicht zu genügen. Erinnert werden muss zudem an den imperialen Charakter des Machtgefüges bis 1917. Das Reich unterwarf in seinem Kolonialisierungsdrang einerseits die Masse des eigenen, vorwiegend bäuerlichen Staatsvolkes und eroberte andererseits neue Gebiete, deren Befriedung und Kontrolle ihm auf Dauer nur unzureichend gelang. 1916 waren in Zentralasien Unruhen vor dem Hintergrund zarischer Mobilisierungsmaßnahmen zu einem grausam niedergeschlagenen Aufstand mit Zehntausenden Toten und noch mehr Vertriebenen eskaliert. In derselben Region hielt der lokale Widerstand gegen die Sowjetkräfte bis in die Mitte der 1920er Jahre an.

Verweist die Zeitspanne dieser Auseinandersetzungen auf Anfang und Ende der Konfrontationen im Inneren des Reiches? Zumindest brachte gerade das Jahr 1916 eine Zunahme von Meutereien und ethnischen Konflikten. Die Ballungszentren des Reiches waren außerdem von Unzufriedenheit und Widersetzlichkeit ebenso gekennzeichnet wie von einer stetigen Diskussion über die zu erwartenden fundamentalen Umwälzungen. Der Bruch der Februar- bzw. Märzrevolution 1917, nachfolgende Dezentralisierungsprozesse, blutige Zusammenstöße, Demonstrationen und Straßenkämpfe fanden im Klima einer generellen Radikalisierung statt, in der Atmosphäre eines »nicht proklamierten Bürgerkrieges«. Nach dem Aufstieg Lenins und dem Kornilow-Putsch wurde im Herbst 1917 wiederum der Kern künftiger militärischer Streitparteien erkennbar.

Der Übergang von Krise und Revolution zum offen gewaltsamen Konflikt vollzog sich schrittweise und in unterschiedlichen Regionen zu verschiedenen Zeiten. Mancherorts, vor allem in den westlichen Randgebieten, erscheint er unmittelbar mit dem vorherigen Weltkriegsgeschehen verbunden. Direkt und indirekt sind die Nachwirkungen der »europäischen Urkatastrophe« gerade auch in Osteuropa auf längere Sicht beträchtlich gewesen. Weltkrieg und »Bürgerkrieg« gingen ineinander über. Entente und Mittelmächte bezogen diesen Raum in ihre Strategien unverändert mit ein. Sowohl die Bolschewiki als auch ihre Widersacher mussten sich damit 1917/18 arrangieren. Der Friede von Brest-Litowsk bot Lenin kaum die gewünschte »Atempause«.

Die Konsequenzen des »Weltbrandes« waren überdies auch nach dem Waffenstillstand an der Westfront im November 1918 sowie dem Ende des Deutschen Kaiserreichs und der Habsburgermonarchie unverkennbar. Ausländische Interventionstruppen, Kriegsgefangene, Flüchtlinge und Heimkehrer von den Fronten prägten vielerorts das Straßen-

Stab der Roten Garde in Moskau während der Oktoberrevolution

bild. Ebenso stachen schon seit geraumer Zeit die allgemeinen sozialen, wirtschaftlichen, mentalen und politischen Folgen des Weltkrieges ins Auge. Dass der Machtergreifung Lenins ausgerechnet ein »Militärrevolutionäres Komitee« den Weg ebnete, das offiziell mit der Sicherung der Hauptstadt gegen den deutschen Feind betraut war, ist nur ein Beispiel.

Die Oktoberrevolution selbst führte dann zunächst zu kleineren militärischen Konfrontationen. Alexander Kerenskij etwa gab vorerst noch nicht auf und führte gegen die entstehende Räteregierung Kosakenkavalleristen bis an die Höhen von Pulkowo in unmittelbarer Nähe Petrograds heran. Durch probolschewistische Verstärkungen zurückgedrängt, entschied sich Kerenskij aber schließlich gegen jedes weitere nutzlose Blutvergießen. Der bisherige Regierungschef resignierte und floh ins Ausland.

In verschiedenen Städten und Regionen war die »Geburt des Sowjetstaates« der Auftakt für zum Teil heftige Gefechte. Einige Einheiten gingen beispielsweise in Moskau gegeneinander vor. Die Stadt befand sich im Ausnahmezustand: Die Stromversorgung fiel aus, Gebäude wurden schwer beschädigt. Hunderte Verletzte und Tote waren schließlich zu beklagen, darunter auch Zivilisten. Eine regelrechte Belagerung des Kremls endete mit dem Sieg probolschewistischer Kräfte. Unter anderem in Saratow, Irkutsk oder Taschkent konnten sie gleichfalls politische Rivalen, die oft von Offiziersschülern, Kosaken, aber auch Zivilisten unterstützt wurden, gewaltsam niederringen.

Der Machtwechsel ging andernorts zwar weitgehend reibungslos vonstatten, in jener relativen Ruhe formierten sich jedoch militärische Verbände. Die Sowjetregierung schuf in den ersten Wochen des Jahres 1918 per Dekret die Rote »Arbeiter- und Bauernarmee«. Der Kern der weißen Freiwilligenarmee unter Kornilow entstand im Dongebiet, war infolge der schwierigen Beziehungen zu den Kosaken und nach Niederlagen gegen die Roten aber existenziell bedroht.

Offiziere der weißen Freiwilligenarmee, darunter Anton Denikin (1872–1947, 3. von rechts). Denikin profilierte sich im Ersten Weltkrieg während der sogenannten Brussilow-Offensive als Kommandierender General eines Armeekorps. Im Exil lebte er in verschiedenen Ländern, zuletzt in den Vereinigten Staaten.

Einige Faktoren ermöglichten dennoch das Überleben von Kornilows Einheiten. Am Kuban hielt sich der Widerstand gegen das Oktoberregime, und die Weißen flohen, begleitet von zahlreichen Zivilisten, dorthin. Nach diesem opferreichen Rückzug, der im Nachhinein zum identitätsstiftenden »Eismarsch« verklärt wurde, konnten sie sich mit rund 3000 Kuban-Kosaken zusammenschließen. Der Tod Kornilows im April 1918 ersparte den Einheiten größere Verluste, da sie nun die Belagerung von Jekaterinodar – ein gefahrvolles und wenig aussichtsreiches Unternehmen gegen die in der Stadt befindlichen überlegenen roten Verteidiger – nicht mehr fortsetzen mussten. Kornilows Nachfolger Anton Denikin ordnete den Rückmarsch zum Don an. Die Sowjetmacht wiederum hatte zwar Rostow am Don erobert, dort aber ein Schreckensregime errichtet, das die Bevölkerung ablehnte. Das gegnerische Lager unter Ataman Pjotr N. Krasnow und Anton Denikin wurde nicht zuletzt dadurch gestärkt.

Die antibolschewistische Streitmacht vergrößerte sich, auch durch den Zuzug von Freiwilligen der rumänischen Front. Damit gelang eine zweite erfolgreiche Kuban-Kampagne ab Juni 1918 gegen numerisch überlegene prosowjetische Einheiten, deren Kampfkraft allerdings geringer war. Im August 1918 fielen Jekaterinodar und wenig später der Schwarzmeerhafen Noworossijsk. Eine auf ca. 40 000 Mann angewachsene Freiwilligenarmee verfügte nun über eine Operationsbasis von der Größe Belgiens. Von dort aus ließen sich antikommunistische Feldzüge fortsetzen.

Die militärische Rolle der ausländischen Mächte

Die Verschiebung der Kräfteverhältnisse hing indes auch mit der Anwesenheit der österreichisch-ungarischen und vor allem deutschen Truppen zusammen, die zeitweise bis zu einer Million Mann umfassten. Die Donkosaken hatten sich in der Hoffnung auf Unterstützung durch die Mittelmächte gegen die lokale Rätemacht erhoben. Anfang Mai 1918 erreichten deutsche Verbände Rostow. Die Lage änderte sich dadurch massiv zum Nachteil der sowjetischen Kräfte.

Auch in Finnland machte sich die Präsenz von Streitkräften aus dem deutschen Kaiserreich deutlich bemerkbar. Die sogenannte Ostsee-

Hauptkampfgebiete auf dem Territorium des ehemaligen Zarenreichs, Frühjahr bis Herbst 1918

division unter General Rüdiger von der Goltz spielte eine entscheidende Rolle bei den nachfolgenden blutigen Kämpfen. Sie endeten schließlich mit einem Sieg des weißen Aufgebots unter dem finnischen General Carl Gustav Emil Mannerheim. Im Baltikum ebenso wie in der Ukraine entstanden überdies im Zuge der Weltkriegsoffensiven neue Einflussräume für die deutsche Politik. Grundsätzlich war Berlin an einer Anerkennung der nationalen Bewegungen und etwaigen neuen unabhängigen Staaten bestenfalls bedingt interessiert. Nicht nur in der Ukraine, sondern auch in Litauen oder Estland blieben entsprechenden Initiativen enge Grenzen gesetzt.

Die Hegemonie der Mittelmächte hatte Priorität und wirkte sich auch auf die komplizierte ethnische Lage im Kaukasus aus. Speziell um die Ölstadt Baku mit ihrer enormen wirtschaftlichen Bedeutung entbrannte ein Konflikt, in dem zunächst vorrückende türkische Kräfte die Oberhand gegenüber britischen Expeditionsverbänden aus Persien behielten.

Deutsche Truppen in Finnland: eine Feldküche und ein Kraftwagen auf der morastigen Straße von Hangö/Hanko nach Helsingfors/Helsinki im Juni 1918

Unter anderem machten die Kriege im Kaukasus deutlich, wie sich gerade in den Randgebieten des früheren Zarenreiches der weltkriegsbedingte Antagonismus zwischen Mittelmächten und Entente zum direkten militärischen Duell wandeln konnte. Bestimmend blieb freilich der Kampf gegen die lokalen Widerstands- und Aufstandsbewegungen. Dabei zeigte sich speziell zu diesem Zeitpunkt, dass weder prosowjetische Einheiten noch ihre lokalen Widersacher gegen ausländische Interventionen bestehen konnten.

Vergleichsweise kleine Armeen brachten damals erstaunlich große Gebiete unter ihre Kontrolle. Antibolschewistische Gruppierungen konnten sich zur Jahresmitte 1918 mit Hilfe der rund 50 000 Mann starken Tschechoslowakischen Legion etablieren. Deren Aufstand gegen Moskau hatte binnen weniger Wochen enorme Wirkung auf weite Teile des zerfallenen Imperiums: Die Legionäre eroberten von Ende Mai bis Anfang August handstreichartig eine Stadt nach der anderen. Die fragile Rätemacht konnte demgegenüber wenig aufbieten.

Ausländische Hilfe spielte im Übrigen auch bei den Roten zumindest zeitweilig keine geringe Rolle. Bemerkenswerterweise war im Frühjahr und Sommer 1918 der Anteil der als »Internationalisten« bezeichneten ausländischen Kämpfer für das Sowjetregime vergleichsweise hoch. Einige Berichte sprechen bis zum Herbst 1918 von rund 50 000 bis 60 000 Mann, bei einer Gesamtzahl von schätzungsweise 300 000 bis 400 000 Rotarmisten und prosowjetischen Kombattanten zu jener Zeit. Der harte Kern half weiters bei der Niederschlagung von Aufständen in den von den Bolschewiki kontrollierten Gebieten und leistete im Rahmen von Tscheka-Aktionen oder anderen Repressionsmaßnahmen generell einen Beitrag zur inneren Sicherheit der RSFSR. Aus den besonders zuverlässigen »Internationalisten«-Kadern formte der Kreml zugleich die Keimzelle der kommenden III. oder Kommunistischen Internationale.

Insgesamt war in der Zeitspanne von Lenins Machtergreifung im Herbst 1917 bis zum Zerfall der Kaiserreiche in Mitteleuropa und dem Ende des Ersten Weltkrieges im Herbst 1918 die Bedeutung der ausländischen Truppen auf dem Territorium des einstigen Zarenreiches höher, als oft behauptet wurde. Insbesondere mit Blick auf alliierte Verbände fabulierte die Sowjetpropaganda aber unzutreffenderweise von der »weltkapitalistischen Verschwörung« gegen den »Roten Oktober«.

Ähnlich fragwürdig erschienen Bedrohungsszenarien in Entente-Kreisen, welche die Generäle von Kaiser Wilhelm als die eigentlichen Herren Moskaus darstellten und von einer deutsch-bolschewistischen Allianz etwa unter Einsatz von Zehn- oder gar Hunderttausenden Kriegsgefangenen ausgingen. Bisweilen dienten solche Berichte dazu, bestimmte Entscheidungsträger der Entente bei der Aufteilung von Machtsphären und der Wiedererrichtung der Ostfront zu beeinflussen. In jedem Fall aber erreichte hauptsächlich die militärische Verstrickung von Einheiten der Mittelmächte, von (ehemaligen) Kriegsgefangenen und von Legionärsverbänden in die Konflikte Russlands, seiner Rand- und Nachbargebiete vornehmlich bis zum Jahreswechsel 1918/19 ein durchaus beträchtliches Ausmaß.

Im Gegensatz dazu hatten die alliierten Streitkräfte auf dem Boden des ehemaligen Romanow-Imperiums vergleichsweise selten Feindkontakt. Immerhin mussten speziell britische Einheiten in Nordrussland rote Offensiven abwehren. Wenige Monate zuvor waren am Ussuri im Fernen Osten Japaner, Franzosen und Briten zur Verstärkung der Tschechoslowakischen Legion und der Kosaken aufmarschiert. Im Gefecht gegen Sowjeteinheiten leisteten sie ihren Beitrag zur Stabilisierung der antibolschewistischen Fronten.

Derartige Einzelbeispiele sollten aber nicht über die wesentlichen Aktivitäten der Entente-Verbände hinwegtäuschen: Bereits ihre bloße Anwesenheit hatte angesichts der Zerrüttung des russischen Staatswesens eine beträchtliche Wirkung. Mehr als 100 000 Mann standen in Sibirien. Zu ihnen zählten zwischen 1918 und 1922 neben der Tschechoslowakischen Legion und kleineren Kontingenten von Engländern, Franzosen, US-Amerikanern und anderen vor allem ca. 70 000 Japaner. Rund 10 000 Briten, Kanadier, US-Amerikaner, Franzosen, Italiener und Serben hielten sich jeweils in und um Murmansk bzw. Archangelsk in Nordrussland auf. Außerdem waren z. B. drei französische und drei griechische Divisionen in einer Gesamtstärke von 40 000 bis 50 000 Mann im Raum Odessa in der Ukraine von November 1918 bis April 1919 stationiert: Sie alle schufen mehr oder minder langlebige Schutzzonen für lokale politische Instanzen und Streitkräfte, die sich gegen das Oktoberregime stellten.

Eine Aufgabe der ausländischen Mächte bestand unter anderem darin, einheimische Soldaten vor allem der Weißen auszubilden. Abgesehen von der gelegentlichen halbherzigen Waffenhilfe, wie etwa der britischen Marineunterstützung im Baltikum, konzentrierten sich die alliierten Streitkräfte darauf, eigenes Ausrüstungsmaterial und die Verkehrsverbindungen, insbesondere die Zugstrecken, zu bewachen. Entlang der Transsibirischen Eisenbahn, auf einer Streckenlänge von ca. 6500 Kilometern, kam der Tschechoslowakischen Legion im Verbund mit ihren westalliierten Partnern eine Schlüsselrolle zu: Weiße Transporte und Truppenbewegungen wurden dadurch ebenso möglich wie die Kontrolle des Hinterlandes.

Hinsichtlich der ausländischen Intervention muss zudem die materielle Unterstützung berücksichtigt werden. Die Deutschen hatten etwa den Donkosaken im Frühjahr 1918 Kanonen und Maschinengewehre sowie mehr als 10 000 Gewehre und knapp 12 Millionen Patronen geliefert. Alliierte Hilfe machte sich wiederum etwa bei den Koltschak-Armeen während der ersten Jahreshälfte 1919 in Form von einer Million Gewehren, 15 000 Maschinengewehren, 700 Geschützen, 800 Millionen Patronen Munition sowie Kleidung und Ausrüstung für ganze Heeresverbände bemerkbar. Denikin profitierte unter anderem von Lieferungen, die im Sommer 1919 im Hafen Noworossijsk eintrafen. Den Weißen im Süden standen damit weitere 200 000 Gewehre, 1000 schwere Geschütze, 6200 Maschinengewehre sowie ungefähr 60 Panzer und knapp 170 Flugzeuge zur Verfügung.

Japanische Truppen in der fernöstlichen Küstenregion während der ausländischen Intervention gegen die Bolschewiki

Im Zuge bereits laufender Operationen wirkten sich diese Waffenlieferungen teilweise erst nach und nach aus. Dennoch lassen die Gesamtentwicklungen kaum einen anderen Schluss zu: Ohne die genannten Materialien wären vor allem jene antibolschewistischen Feldzüge undenkbar gewesen, die während des Jahres 1919 vorübergehend bis ins russische Kernland führten. Zudem gewannen die Alliierten durch ihre Militärmissionen einen beträchtlichen Einfluss auf die mit ihnen verbündeten Weißen.

Die großen Offensiven

Unterdessen wandelte sich die Art der Konfliktaustragung; die Fronten klärten sich gewissermaßen in mehrerlei Hinsicht. Nach dem Ende des Ersten Weltkrieges mussten die Alliierten ihre Russlandpolitik auf neue Beine stellen. Viele westliche Politiker hatten wenig Lust, sich an antikommunistischen Aktivitäten zu beteiligen, sahen sich rein militärisch aber durch die schlechte Verfassung jener dazu genötigt, die sich auf dem Gebiet des ehemaligen Zarenimperiums der Sowjetmacht widersetzten. Die Situation änderte sich markant, als bislang wichtige Interventionsfaktoren an Gewicht verloren. Zurückweichende Truppen der zerfallenden Habsburgermonarchie, der untergehenden Reiche der Osmanen und vor allem der Hohenzollern eröffneten den Bolschewiki ebenso wie ihren Gegnern größere Handlungsspielräume. Die alliierten Siegermächte besetzten vormalige Aufmarschgebiete der Mittelmächte lediglich lückenhaft, halbherzig und oft nur vorübergehend. Die tschechoslowakischen Legionäre forcierten ihre Heimreise. Das galt auch für viele »Internationalisten«, deren KP-treuer Kern überdies die Revolution in den jeweiligen Herkunftsländern anstrebte.

Die Konflikte in den Gebieten des früheren Zarenreiches wurden mehr als bislang von lokalen Kräften mit größeren Kampfverbänden geprägt. Unverkennbar waren zudem Machtverschiebungen, die gewissermaßen als Ergebnis des Jahres 1918 angesehen werden können. Nicht nur hatte Denikins Freiwilligenarmee im Süden überlebt und sich sogar vergrößert, es etablierten sich gleichfalls weiße Regierungen. Demgegenüber verschwand die nichtkommunistische »demokratisch-sozialistische Mitte« auch militärisch, denn sie wurde zwischen den radikaleren roten und weißen Truppen fast völlig aufgerieben. Eine besser organisierte, insgesamt 100 000 Mann starke Streitmacht von fünf roten Armeen machte den Verfechtern der Konstituierenden Versammlung den Garaus. Das nicht einmal halb so starke Aufgebot der von rech-

Die Einkreisung Sowjetrusslands 1918/19
Barentssee
Franzosen
Briten
Murmansk
Serben
Italiener
Kandalakscha
Finnen
Italiener
Franzosen
Briten
Polen
US-Amerikaner
Weißes Meer
Archangelsk
In Sibirien hauptsächlich:
Tschechoslowaken
Briten
Japaner
US-Amerikaner
0 250 500 km
NORW.
SCHWEDEN
FINNLAND
Onegasee
Ladogasee
Finnen
HELSINKI
Petrograd
Wologda
Perm
Tschechoslowakische Legion
Ufa
REVAL
EST.
Ostsee
Nordwest-Armee
Kasan
Nishnij Nowgorod
Twer
RSFSR
(Russische Sozialistische Förderative Sowjetrepublik)
LETT.
RIGA
Letten
MOSKAU
Samara
Koltschak-Armee
Dt. Freikorps und Baltendeutsche
LIT.
Litauer
Tula
KAUNAS
DT. REICH
Minsk
Tambow
Polen
WARSCHAU
POLEN
Freiwilligen-Armee
Gurjew
Charkow
Kiew
Ukrainer
Donkosaken
Astrachan
ČSR
Don-Armee
Rostow
Rumänen
Franzosen
Griechen
UNG.
Odessa
Kaspisches Meer
RUMÄNIEN
Noworossijsk
BUKAREST
BELGRAD
Baku
Tiflis
Schwarzes Meer
Batum
Briten
Briten
Jerewan
JUGOSLAWIEN
BULGARIEN
SOFIA
ALB.
(gr.)
KONSTANTINOPEL
Armenien
PERSIEN
OSMANISCHES REICH
GRIECHENLAND
(gr.)
ATHEN
(frz.)
Sandschak Alexandrette
Brit. Interessengebiet
Franz. Interessengebiet
Dodekanes (ital.)
Zypern (brit.)
Mittelmeer
Quelle: Gilbert, The Routledge Atlas of Russian History, S. 92
©ZMSBw 08148-07

ten Sozialisten-Revolutionären dominierten Regierung in Samara unterlag endgültig. Die Stadt fiel Anfang Oktober 1918 in die Hände von Trotzkis Streitkräften.

Für die Weißen bestand indes einiger Grund zum Optimismus. Den Verkehrsknotenpunkt Zarizyn an der Wolga (das spätere Stalin- bzw. Wolgograd), der sowohl für Rohstoff- und Nahrungsmittellieferungen als auch für die strategische Verbindung zwischen Moskau und dem »roten Turkestan« wichtig war, bedrohten nach Nordosten vorstoßende Donkosaken-Abteilungen. Isolierte prosowjetische Verbände im Nordkaukasus brachen zusammen. Denikin wiederum pflegte über das Schwarze Meer gute Kontakte zu den Westmächten. Lenins Herrschaft wurde überdies an der Wolga herausgefordert, unter anderem durch Proteste und Streiks der Arbeiterschaft. Weiter nördlich unterlag eine schlecht versorgte und erschöpfte 3. Rote Armee sibirischen Kampfverbänden. Die Stadt Perm ergab sich Letzteren am 25. Dezember 1918. Für 1919 erwarteten manche Beobachter bereits den »Triumph der Reaktion«.

Admiral Koltschak bot die größte Streitmacht der Weißen auf, als er im März 1919 vom Ural auf das rote Kerngebiet um Moskau vorstoßen wollte: An der nördlichen Flanke setzte sich im Raum Jekaterinburg – Perm eine Sibirische Armee mit ungefähr 45 000 Mann in Bewegung. Die um ein Korps unter Oberst Kappel verstärkte Westarmee mit 42 000 Mann rückte von Tscheljabinsk und Ufa aus vor. Ein Truppenverband von 25 000 Mann sowie Abteilungen der Orenburg- und Uralkosaken mit weiteren 20 000 Kämpfern operierte in den benachbarten südlichen Gebieten. Die zahlenmäßig etwas schwächeren, aber mit besserer Artillerieunterstützung und Schützenhilfe seitens der Wolga-Kama-Flottille agierenden Kräfte der roten Ostfront hatten zunächst empfindliche Niederlagen einzustecken. Indem sie weit über den Ural hinaus nach Westen vordrangen, beherrschten Koltschaks Einheiten bald zusätzliche 520 000 Quadratkilometer.

Der schnelle Vormarsch, länger werdende Nachschublinien, überdehnte Fronten und zu weit vorverlagerte Formationen brachten allerdings schon kurz darauf die Wende. Dabei zeigte außerdem das Fehlen eines attraktiven politischen Angebots für die lokale Bevölkerung seine Wirkung. Es kam zu einer raschen Reorganisation der Sowjettruppen, denen sich an kritischen Stellen überzeugte KP-Kader und

Nach dem Abzug der Franzosen und anderer Entente-Verbände besetzen die Weißen unter General Denikin (Mitte) Odessa, 1919.

Gewerkschaftsmitglieder anschlossen. Die Weißen mussten nun bis zu ihren Ausgangstellungen zurückweichen und dann auch diese aufgeben.

Im Süden hatten unterdessen Denikins Streitkräfte mit schließlich mehr als 40 000 Mann und weiteren Zehntausenden Kosaken zum Angriff auf numerisch überlegene Sowjetverbände angesetzt. Im westlichen Teil dieser Front brachte die weiße Kavallerie daraufhin große Teile der Südukraine und unter anderem Jekaterinoslaw an sich. Im Zentrum besetzten Einheiten der Freiwilligenarmee das ostukrainische Industriezentrum Charkow. Zugleich attackierten aufständische Kosaken verbliebene Sowjettruppen, sodass die Krim den Freiwilligen zufiel. Darüber hinaus setzten die Kubankosaken der von General Wrangel kommandierten Kaukasischen Armee in nordöstlicher Richtung den Angriff auf Zarizyn fort. Unter Einsatz von britischen Panzern und Flugzeugen wurde die Stadt am 30. Juni 1919 erobert. Von dort aus gab Denikin weitreichende Anweisungen: Seine drei Hauptverbände sollten in einer zangenförmigen Bewegung auf Moskau zumarschieren, die Kremlführung von den Versorgungswegen abschneiden und das

Antibolschewistischer Angriff auf Petrograd, Herbst 1919

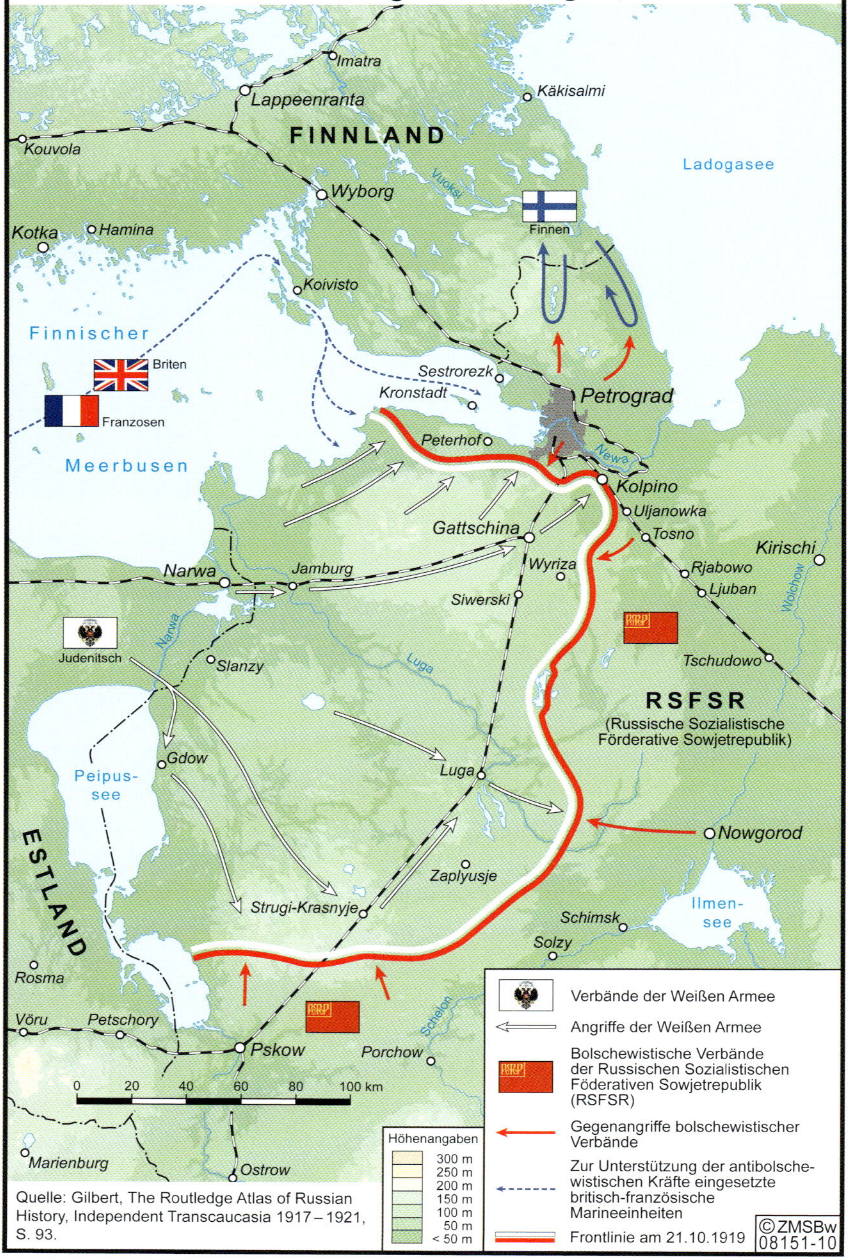

Quelle: Gilbert, The Routledge Atlas of Russian History, Independent Transcaucasia 1917 – 1921, S. 93.

Schicksal der Roten besiegeln. Ende Juli und im August nahmen die Weißen Poltawa, Odessa und Kiew ein. Die Sowjetregierung geriet in Panik: Im September fiel Kursk, im Oktober schließlich Orjol.

Die Weißen schienen dem Sieg so nah wie nie zuvor. Nicht nur standen Denikins Einheiten 400 Kilometer vor Moskau. Petrograd, den Schauplatz der Oktoberrevolution, sahen die Streitkräfte von Nikolaj N. Judenitsch sogar schon vor sich. Seine 1918 in Pskow mit deutschem Beistand entstandenen Kontingente zählten 16 000 Mann, als sie ihren Angriff starteten. Judenitsch hoffte dabei, die von fast allen Seiten und augenblicklich besonders von Süden her bedrängten Roten kontinuierlich schwächen zu können. Tatsächlich war deren 7. Armee, die zur Verteidigung der früheren Hauptstadt bestimmt war, demoralisiert und von Desertionen schwer beeinträchtigt. Die sowjetische Verteidigung schien bald zusammenzubrechen. Von dort, wo Kerenskij 1917 seinen bewaffneten Widerstand gegen Lenin aufgegeben hatte, erblickten Judenitschs Offiziere nun das Zentrum der Newa-Metropole, die Isaak-Kathedrale und die Spitze der Admiralität. Auf den Pulkowo-Höhen wähnten sie sich siegessicher. Schon in wenigen Stunden glaubten sie auf dem Newskij-Prospekt, der Prachtstraße von Petrograd, flanieren zu können.

Die Verteidigung gegen Judenitschs Offensive. Artilleriestellungen der Roten Armee bei Petrograd im Oktober 1919

Von Trotzki selbst angeleitet und durch verlässliche Reserven gestärkt, eröffneten dann aber zahlenmäßig weit überlegene, wenn auch schlechter ausgerüstete Sowjeteinheiten die Gegenoffensive. In einem dreitägigen Kampf, in dem disziplinierte Verteidiger gepanzerte Fahrzeuge lediglich mit Gewehren stoppten, behielten die Roten Ende Oktober die Oberhand. Der schnelle Rückmarsch der Judenitsch-Truppen endete mit deren Entwaffnung und Internierung in Estland.

Dass es Lenins Gefolgschaft gelang, auch an den anderen Kampfschauplätzen im entscheidenden Moment enorme Kräfte zu mobilisieren, hatte in der Zwischenzeit auch Denikins Streitmacht erkennen müssen. Sogar viele Deserteure kehrten zu den Einheiten der Bolschewiki zurück, die trotz aller Kritik immer noch mit den Errungenschaften der Revolution assoziiert wurden.

Allerdings erwies sich der sowjetische Gegenschlag westlich von Orjol als äußerst verlustreich. Etwa die Hälfte der dort angreifenden 12 000 lettischen Schützen fand im Kampf den Tod. Diese opferreiche Wendung des Kampfgeschehens war von einem Überraschungsmoment an anderer Stelle begleitet: Die rote Kavallerie trat nun besonders stark in Erscheinung. Sie drängte die Weißen ab, denen schließlich die völlige Einkesselung drohte. Eine wilde Flucht zum Schwarzen Meer fand ihr unrühmliches Ende in den Schreckensszenen von Noworossijsk: Nicht nur weiße Heeresangehörige, sondern unzählige zivile Flüchtlinge versuchten verzweifelt, noch auf die Schiffe zu gelangen, die zur Evakuierung bereitstanden. Insgesamt fehlte es aber an Plätzen, und Zehntausende sahen sich einem schonungslosen roten Gegner ausgeliefert.

Zu diesem Zeitpunkt, im März 1920, stellte die Front der Sowjetgegner im Ural und in Sibirien gleichfalls keine existenzielle Bedrohung für Lenins Regime mehr dar. Die 2. Rote Armee etwa war dort schon im Sommer 1919 in raschem Tempo vorgerückt, mit einer Marschleistung von gut 300 Kilometern in weniger als vier Wochen. Am 15. Juli hatte sie Jekaterinburg eingenommen. Antibolschewistische Kommandeure scheiterten daraufhin mit ihren Gegenangriffen. Selbst Omsk, die Hauptstadt des weißen Sibiriens, ging schließlich an die Sowjettruppen verloren. Ähnlich wie im Süden brachen während der verlustreichen Rückzugsbewegungen antibolschewistischer Soldaten und Zivilisten Panik und Chaos aus. Angesichts der hässlichen Streitigkeiten inner-

Eine Aufklärungseinheit der 1. Roten Reiterarmee, 1920. Die Kavallerie spielte auch für die sowjetischen Streitkräfte speziell seit 1919 eine entscheidende Rolle.

halb der politischen und militärischen Führung erklärte Admiral Koltschak Anfang Januar 1920 seinen Rücktritt. Er selbst geriet in die Hände der aus Menschewiki und Sozialisten-Revolutionären gebildeten Lokalmacht von Irkutsk. Entente-Vertretern und verbliebenen tschechischen Legionären war die sichere Abreise als Gegenleistung für die Auslieferung Koltschaks und der von ihm mitgeführten russischen Goldreserven gewährt worden. Als sich die Irkutsker Machtverhältnisse wenig später zugunsten der Bolschewiki verschoben, wurde Koltschak in den Morgenstunden des 7. Februar 1920 von einem Tscheka-Kommando hingerichtet.

In Summe war das tragische Ende der großen antibolschewistischen Feldzüge vorgezeichnet: Den Weißen gelang es zu keinem Zeitpunkt, als echte politische Alternative zum Oktoberregime zu überzeugen. Weite Landstriche ließen sich zudem rein militärisch schwer kontrollieren, geschweige denn dauerhaft sichern. Die weißen Streitkräfte erwiesen sich gerade bei Geländegewinnen als überfordert, mit Zwangs-

Sowjetisches Gemälde von Michail I. Awilow aus dem Jahr 1926: Der Vormarsch der Roten Armee in Sibirien, die *Entwaffnung der Armee Koltschaks*

rekrutierungen und Zwangsrequisitionen konnten sie ihre Lage kaum verbessern. Repressalien und Terror der Roten als potenzielle Auslöser sowjetfeindlicher Strömungen kamen ihnen immer nur vorübergehend zugute. Ihre eigenen Ansichten in der Nationalitätenfrage, speziell die Haltung Denikins gegenüber den Ukrainern und Judenitschs Einstellung gegenüber Finnen und Esten, erschwerten die Situation gleichermaßen. Interne Rivalitäten und fehlende Absprachen taten ein Übriges. Es gab keine Gesamtstrategie, den einzelnen Operationen mangelte es

an Koordination. Beispielsweise erreichte die Offensive von Kosakenverbänden und Denikins Freiwilligenarmee im Süden ihren Höhepunkt, als Koltschaks Streitscharen bereits im Wesentlichen geschlagen in die östlichen Weiten zurückfluteten.

Die Alliierten boten nun kaum Rückendeckung. Nicht bloß bei der politischen Unterstützung und etwaigen Anerkennung der Weißen, sondern auch aus rein militärischer Sicht reagierten die Interventionsmächte verhalten. Antibolschewistische Operationen waren zwar, wie erwähnt, oftmals in hohem Maße von den ausländischen Kräften abhängig. Speziell die Entente schuf entsprechende Möglichkeiten, nutzte sie dann aber nicht. Die Briten etwa setzten Teile ihrer Flotte gegen das revolutionäre Kronstadt in Bewegung – ein weiterreichendes Engagement, vor allem der Einsatz von Landtruppen an der Seite Judenitschs, blieb jedoch aus. Mit den ersten Anzeichen weißer Schwäche kamen vielmehr seit Langem erdachte Ersatzstrategien der Westmächte zum Tragen: Eine diplomatische Annäherung an die Kremlführung wurde immer wahrscheinlicher.

Staaten- und Nationalitätenkämpfe

Pjotr Wrangel, ein scharfer Kritiker und Rivale Denikins, formte aus den Resten der Freiwilligenarmee noch einmal eine schlagkräftige Truppe, um zumindest Teile Südrusslands für die Weißen zu gewinnen. Die Offensive im Juni 1920 stand allerdings von vornherein unter einem schlechten Stern. Der rote Gegner war fünfmal so stark, denn er verfügte über fast 190 000 Mann Infanterie, Kavallerie und

Ein sowjetisches Propaganda-Plakat zeigt einen Kavalleristen der Roten Reiterarmee und betont die Erfolge der sowjetischen Streitkräfte im Kampf gegen die weißen beziehungsweise antibolschewistischen Heerführer.

andere Waffengattungen, 3000 Maschinengewehre, 600 Artilleriegeschütze und einen hauptsächlich von den Anarchisten unter Nestor Machno gestellten »bewehrten Fuhrpark« von mehreren hundert *tatschanki*. Die befristete Allianz zwischen Machno und der Roten Armee bot den Weißen wenig Gelegenheit, ihre Kräfte zu entfalten. Letztlich blieb Wrangel nicht viel mehr, als sich auf die Ausgangsbasis auf der Krim zurückzuziehen. Im November 1920 ließ er seine Truppen mithilfe der französischen Marine und der weißen Schwarzmeerflotte evakuieren.

Obwohl die Roten daraufhin in der Region eine neue Terrorwelle auslösten, sagten sich selbst viele russisch-nationale Gruppen, insbesondere auch unter den einstigen Offizieren des Zaren, von der »weißen Sache« los: Wrangel hatte für seinen Angriff gerade jenes Zeitfenster genutzt, in dem die Streitkräfte Polens im Bund mit ukrainischen Verbänden bis nach Kiew vorgedrungen waren. Jenseits aller ideologi-

Polnische Einheiten während ihrer Offensive in der Ukraine: ein Transport von Truppen und Fahrzeugen auf der Schiene. Zugverbindungen waren von zentraler Bedeutung, vielfach sprach man von einem »Eisenbahnkrieg«.

schen Zerwürfnisse war dieser Vorstoß für viele Russen eine Frage der Vaterlandsverteidigung. Der polnisch-sowjetische Konflikt hatte eindeutig den Charakter eines Staatenkrieges.

Dass die von alliierten Siegermächten gestützte Warschauer Führung unter Józef Piłsudski nach dem Zusammenbruch der Mittelmächte zum Hauptkontrahenten des Kremls werden würde, hatte sich indes schon seit längerer Zeit abgezeichnet. Piłsudski schuf sich eine östliche Einfluss- und Sicherheitszone gegenüber dem Sowjetregime, dessen lokale Vertreter sich nicht zu halten vermochten. Polnische Truppen rückten vor, nahmen Wilna im April 1919 ein und setzten sich in den folgenden Sommermonaten in der Westukraine sowie in Weißrussland fest.

Dann trat eine winterbedingte Kampfpause ein, bis die Wiederaufnahme intensiverer Gefechte und die große Frühjahrsoffensive zur Einnahme Kiews durch die Polen am 7. Mai 1920 führte. Schon am nächsten Tag setzten Trotzki und seine Mitstreiter ganz auf die patriotische Karte, und prompt schwang das Pendel in die andere Richtung aus. Die Sowjetverbände gingen in die Offensive und gelangten im August 1920 vor die Tore Warschaus. Lenin hoffte bereits gemeinsam mit den gerade tagenden Delegierten der Kommunistischen Internationale, die »Fackel der Revolution« bis nach Deutschland hinein tragen zu können. Nun aber kam die vaterländische Gesinnung der Polen bei deren Verteidigungsmaßnahmen zum Tragen. Mitte August 1920 schwoll Piłsudskis Streitmacht auf ca.120 000 Mann an. Trotz bedrohlicher Vorstöße der sowjetischen Kavallerie gelang es den Polen, die Rote Armee aufzuhalten.

Dieses »Wunder an der Weichsel« brachte eine erneute Wende. Moskaus Volkskommissare mussten von ihren unmittelbaren Umsturzplänen in Zentraleuropa Abschied nehmen. Eine große Lücke zwischen den beiden sowjetischen Fronten erleichterte polnischen Einheiten die Gegenoffensive. In einem chaotischen Rückzug gaben die Rotarmisten Ostpolen, Litauen und das westliche Weißrussland auf. Am 15. Oktober fiel schließlich Minsk. Erschöpft verzichteten beide Seiten auf weitere Offensiven. Vor dem Hintergrund der internationalen Tendenz, sich mit den Bolschewiki zu arrangieren, schlossen Moskau und Warschau im März 1921 den Friedensvertrag von Riga.

Begleitet war diese polnisch-sowjetische Auseinandersetzung von einem komplizierten Gemisch aus sozialen Konflikten, Staaten-, Natio-

Józef Piłsudski (1867–1935, undat. Aufnahme) setzte sich schon vor dem Ersten Weltkrieg für die Eigenständigkeit Polens ein. Er versuchte dieses Ziel zunächst gemeinsam mit den Mittelmächten zu erreichen. Im Kampf um die Grenzen des neuen polnischen Staates stand er dann ab 1918 an der Seite der Entente. Nach vorübergehendem Rückzug aus dem politischen Leben errichtete er in Polen ab 1926 ein autoritäres Regime.

nalitäten- und Bürgerkriegen. Nach dem Fall der deutschen Marionettenregierung von Pawlo Skoropadskyj Ende 1918 schlugen sich im Kampf gegen Moskau die nationalukrainischen Kräfte unter Simon Petljura, die Weißen, regionale Linkskräfte, Atamane (frei gewählte Führer der Kosaken) und Bauernrebellen letztlich auf die Seite Polens. Das verursachte den Bruch mit der Westukraine, die Petljura für die Allianz mit Piłsudski aufgab. Galizische Kampfverbände, organisiert um frühere Schützeneinheiten der Habsburgerarmee, unterlagen den Polen. Die ruthenische politische Führung wurde ins Exil abgedrängt. Die Schaffung einer unabhängigen Ukraine misslang, obwohl sich auch dort ein gewisses Nationalbewusstsein sogar bei den Unterschichten entwickelt hatte.

Dem Baltikum hingegen gelang, was zuvor Polen und Finnland erreicht hatten: Die Staaten Litauen, Lettland und Estland lösten sich aus dem früheren zarischen Imperium und wurden unabhängig. Anders als in der Ukraine waren die Herrschaftsverhältnisse an der Ostsee sowie die diesbezügliche Haltung der beteiligten Streitparteien und insbesondere auch der Großmächte für die Abspaltung günstiger. Un-

Der Krieg zwischen Polen und Sowjetrussland 1920

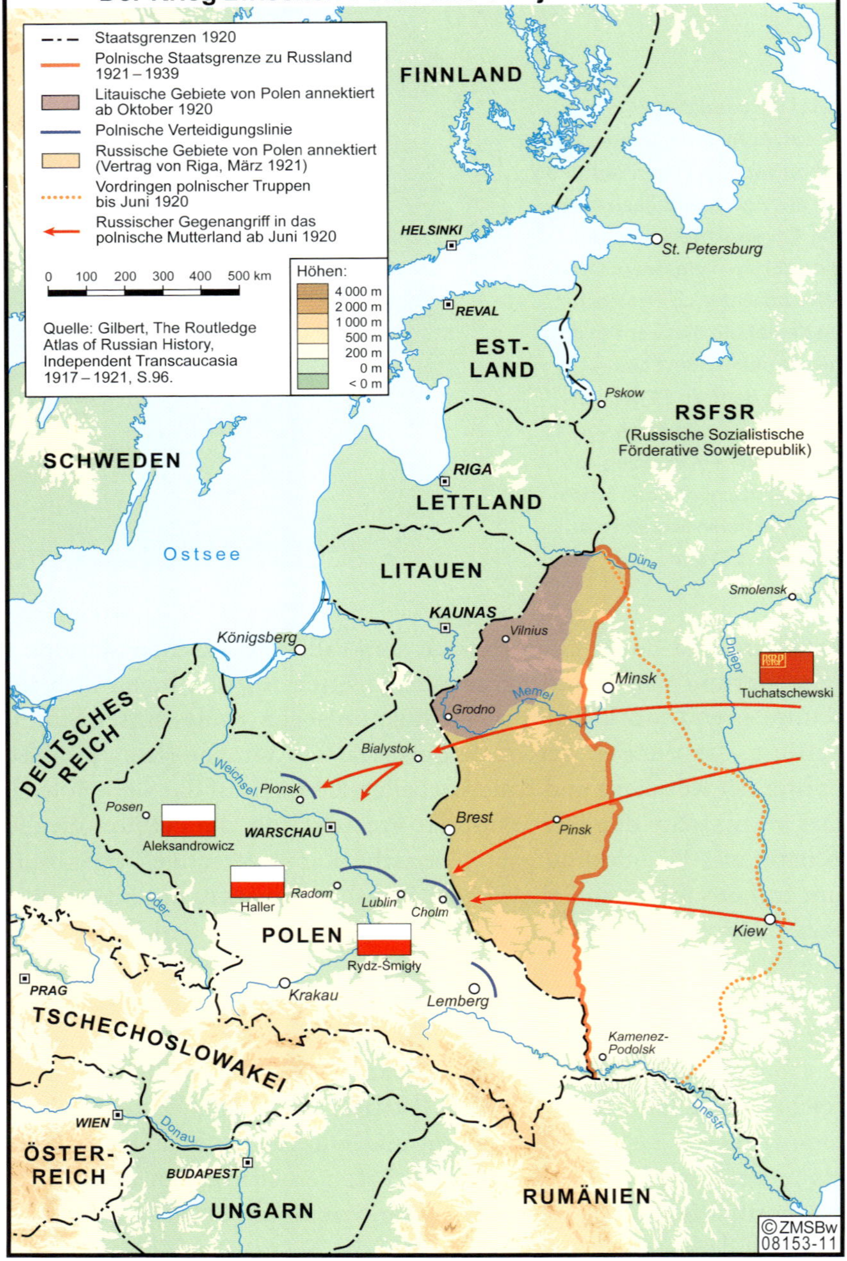

ter General Rüdiger von der Goltz standen in Lettland im Frühjahr 1919 noch reguläre sowie halbreguläre deutsche Truppen, letztere in der »Eisernen Division« zusammengefasst. Verstärkt wurden sie durch Freikorps aus dem Deutschen Reich. Schließlich gab es noch die Baltische Landeswehr, die sich aus einheimischen Baltendeutschen rekrutierte. Diese waren seit Jahrhunderten im Zarenreich politisch und wirtschaftlich eine einflussreiche Minderheit gewesen, doch nun bedrohten vor allem die Sowjets ihre Existenz. Reichs- und baltendeutsche Truppen machten anfangs gemeinsame Sache mit der neuen bürgerlichen lettischen Regierung. Im Mai 1919 verdrängten sie die Sowjetherrschaft aus Riga.

Doch sehr bald zerfiel dieses Bündnis. Die antibolschewistischen Einheiten kämpften nun gegeneinander: Letten gegen Baltendeutsche und Reichsdeutsche. Die Letten siegten schließlich, und Deutschland musste unter dem Druck der Westmächte Goltz zurückrufen. Doch viele reichsdeutsche Soldaten meuterten. Sie sahen für sich keine Perspektive in der Heimat und wollten daher lieber mit den weißen Streitkräften unter Bermondt-Awalow oder Judenitsch gemeinsame Sache machen. Auch sie wurden aber besiegt. Die letzten Reichsdeutschen verließen Anfang 1920 das Baltikum, die Weißen zogen sich nach Osten zurück. Das ebnete endgültig den Weg für die regionalen Nationalbewegungen. Dabei profitierten die Balten außerdem von den Verfehlungen der lokalen Sowjetrepräsentanten: Diese hatten sich auch hier durch brutale Maßnahmen und ideologische Rigidität um die Sympathien der Einheimischen gebracht. Die Kremlführung erkannte den Ernst der Lage und schloss Frieden: mit Estland am 2. Februar 1920 in Tartu, mit Litauen am 12. Juli in Moskau, mit Lettland am 11. August in Riga.

Während wenig später die bereits weitgehend geklärten Machtverhältnisse in Finnland durch ein bilaterales Abkommen abgesichert wurden, verschob sich der polnische Einflussbereich nach dem »Wunder an der Weichsel« wieder weiter nach Osten. Der Versuch, eine litauisch-weißrussische Sowjetrepublik zu etablieren, war schon im August 1919 an Piłsudskis Einheiten gescheitert. Eineinhalb Jahre später konnte sich dann auch eine schwache Republik Weißrussland mit ihrer sogenannten »Sluzker Brigade« an der polnisch-sowjetischen Demarkationslinie nicht halten. Die Rote Armee behielt dort die Oberhand.

Krassnodar
Armawir
Stawropol
Noworossijsk
Maikop
Kuban
RUSSISCHES REICH
(ab 11/1917
Russische Sozialistische
Förderative Sowjetrepublik)
Tuapse
Pjatigorsk
Kisslowodsk
Mosdok
Sotschi
K a u k
Wladikawkas
Suchumi
Schwarzes Meer
Otschamtschire
Deutsche Kaukasusexpedition
06/1918 bis 12/1918
Poti
Kutaissi
Zchinwali
GEORGIEN*
(26.5.1918 – 16.2.1921)
Tiflis
Franzosen/Briten
1919/20
Batumi
Osmanen
04/1918 bis 12/1918
Marneu'i
Trabzon
Ardahan
Alexandropol
ARMENIEN
(18.5.1918 – 2.12.192
Kars
Bayburt
Erewan
Sardarapat
Erzurum
Erzincan
westl. Euphrat
östl. Euphrat
OSMANISCHES REICH
Karakilise
Höhen:
5 000 m
4 000 m
3 000 m
2 500 m
2 000 m
1 500 m
1 000 m
500 m
200 m
0 m
< 0 m
Mus
Vansee
Van
Bitlis
Tigris
Diyarbarkir

Die Lage im Kaukasus 1917 – 1921
Grenzen in der Kaukasus-Region bis 1917
Grenze des Russischen Reichs bis 1917
Grenze der Transkaukasischen Förderativen Republik März 1917 bis Mai 1918
Grenzen neu entstanderer Staaten nach 1918
Neue Staatsgrenze des Osmanischen Reichs nach dem Vertrag von Kars im März 1921
Grenze der armenischen Gebiets-ansprüche in Ost-Anatolien
Bolschewistische Eroberung Transkaukasiens, 1920 – 1921
Zentren der antibolschewistischen Revolte, die mit Waffengewalt niedergeschlagen wurden
Stützpunkte der Deutschen Kaukasusexpedition Juni bis Dezember 1918
* Demokratische Republik
Quelle: Gilbert, The Routledge Atlas of Russian History, Independent Transcaucasia 1917 – 1921, S. 104.
Kuma
Terek
Grosnyj
Machatschkala
Derbent
Telawi
Sakataly
Kuba
Kura
Kaspisches Meer
Geoktschaj
Elisabethpol
Baku
ASERBAIDSCHAN*
(28.5.1918 – 20.4.1920)
Schuscha
Briten
12/1917 bis 09/1918
11/1918 bis 1920
Osmanen
09/1918 bis 11/1918
Genusy
Aras
Dshulfa
Meghri
Lenkoran
Astara
PERSISCHES REICH
Ardebil
Täbris
©ZMSBw
08154-09

Demokratische Fernöstliche Republik 1920–1922

Quelle: Gilbert, The Routledge Atlas of Russian History, The Independent Far Eastern Republic, S. 106.

Was immer Lenin und seine Anhänger aber ansonsten an territorialen Verlusten im Westen hinzunehmen hatten: Vom alten Zarenreich übernahm das neue bolschewistische Regime das russische Kernland sowie insbesondere die südlichen und östlichen Randzonen. Damit war nicht allein der Ukraine der Weg in die Selbstständigkeit verwehrt, sondern insbesondere auch den Regionen des Kaukasus.

Nach dem Abzug der Briten im Herbst 1919 kam Aserbaidschan unter kommunistische Kontrolle. Ende 1920 unterstellte sich Armenien aus Furcht vor einer türkischen Invasion ebenfalls Moskau. Anfang des folgenden Jahres brachten Rotarmisten auch das bislang menschewistisch dominierte Georgien in ihren Besitz. Zentralasien rund um die turkestanische autonome Räterepublik gehörte gleichfalls zum Herrschaftsbereich des Sowjetregimes. Eine ohnehin prosowjetische Fernöstliche Republik, die als Pufferstaat gegen die japanischen Expeditionstruppen gedient hatte, wurde nach deren endgültigem Abzug 1922 aufgelöst: Auch dort waren die Vorbedingungen für die Gründung der Union der Sozialistischen Sowjetrepubliken Ende 1922 geschaffen.

Der lange Weg zur Ruhe

Die Entstehung der UdSSR brachte allerdings noch lange kein Ende der Wirren. Lokale Warlords widersetzten sich der neuen staatlichen Ordnung. Koltschak, der den für seine Grausamkeit berüchtigten Ataman Grigorij Semjonow mit dem Kommando im Fernen Osten betraut hatte, hinterließ ein mehr als fragwürdiges Erbe. Vor allem mit japanischer Hilfe machte Semjonow die russisch-chinesische Grenze unsicher. Auch nach seiner Flucht und der Tötung des nicht minder radikalen, von der Mongolei aus operierenden Barons Roman von Ungern-Sternberg im September 1921 kam die Region nicht zur Ruhe. Noch einige Jahre registrierten die Räteorgane subversive Aktivitäten von »weißen Partisanen« und Atamanen.

Im Vergleich zu Kriegsunternehmern vom Schlag eines Semjonow war vor allem die »Atamanenherrschaft« in der Ukraine wesentlich volksnäher. Es überrascht daher nicht, dass sie dort zu einem regelrechten Massenphänomen wurde.

Die Sowjetbehörden berichteten Anfang Juni 1921 übrigens von insgesamt 110 »Banden«, die schwerpunktmäßig in den Gouvernements Donezk, Poltawa und Kiew aktiv waren. Dass neben Gruppierungen mit maximal einigen Dutzend Mitgliedern bei einer grundsätzlich großen Fluktuation regelrechte Heerscharen von mehreren tausend Kämpfern entstehen konnten, verweist darauf, dass ihr Rückhalt in der lokalen Bevölkerung mitunter beträchtlich war. Obwohl sie deshalb bei ausgreifenden Operationen abseits der Heimat Nachteile hatten, stellten sie in bestimmten Landstrichen ein schwer überwindbares Hindernis für die Rotarmisten dar. Diese gewannen zwar grundsätzlich die Oberhand. Selbst nach der Entscheidung des berühmtesten Anführers, Nestor Machno, das Weite zu suchen und die sowjetisch-rumänische Grenze zu überschreiten, blieb der Widerstand aber stark. Im Wolga-Gebiet etwa, wo die »Banden« vielerorts aktiv waren, existierte eine Staatsgewalt zunächst bestenfalls in Ansätzen. Erst 1922/23 endeten die bewaffneten Konfrontationen in der Region.

Anderswo dauerte es noch länger, bis Ruhe einkehrte. Zwar hatten beispielsweise die kurzlebigen mittelasiatischen Fürstentümer Chiwa und Buchara weichen müssen. Aber abgesehen von reformislamischen oder jungtürkischen Strömungen blieben die Gebiete speziell im östlichen Ferghanatal oder in der westlichen turkmenischen Steppe auch militärisch umstritten. Die Sowjetinstanzen nannten die dortigen Oppositionskräfte »Räuber« bzw. *basmatschi*. Letztere begründeten ihren Widerstand religiös, fanden aber nicht nur bei den einheimischen Muslimen, sondern auch bei russischen Siedlern Unterstützung. Erst Anfang Juni 1926 hörte die Rote Armee in Bezug auf die zentralasiatischen Verhältnisse auf, von der »turkestanischen Front« zu sprechen.

Bandentätigkeit und Warlords waren jedoch keineswegs die einzigen Formen der Widersetzlichkeit. Das mehr als brüchige Bündnis zwischen weiten Bevölkerungsteilen zur Abwehr der Weißen hielt nicht lange. Schon seit der Oktoberrevolution hatten die Bolschewiki mit ihren klassenkämpferischen und kriegskommunistischen Zwangsmaßnahmen die Bevölkerung verschreckt, was die Festigung ihrer Macht erschwerte. Im Grunde blieben sie Fremde, vor allem im Dorf. Der latente Konflikt wurde schließlich als der eigentliche innersowjetische »Bürgerkrieg« ein besonderer Bedrohungsfaktor für Lenins Regime. Daran hatte er selbst keinen Zweifel gelassen.

Turkmenische Rekruten der Roten Armee auf dem Roten Platz in Moskau. Wie das Zarenimperium blieb auch die Sowjetunion ein Vielvölkerreich.

Die Opposition von Arbeitern und Bauern demaskierte indes die in ihrem Namen ausgeübte Sowjetmacht als Gewaltherrschaft der Kommunisten und »Diktatur über das Proletariat«. 1920/21 nahm die Rebellion enorme Ausmaße an. In der Provinz Tambow, wo sich zudem Zehntausende Deserteure befanden, lehnten sich rund 50 000 Menschen gegen das Regime auf. Die Aufrührer waren zwar verarmt und oft schlecht ausgerüstet, ließen sich aber kaum unterdrücken. Rote Infanteristen wurden von »Reiterrebellen« ausmanövriert. Ihre numerische Überlegenheit brachte den Sowjetstreitkräften wenig. Ihr Kommandant Michail N. Tuchatschewskij, der schon bei anderen militärischen

Operationen herausragende Positionen innegehabt hatte, wandte sich gegen die Dörfer, um den Raum für die ansonsten schwer fassbaren Aufständischen eng zu machen. Geiselerschießungen und die Zerstörung von Ortschaften waren die Folge. Tausende kamen ums Leben. Eine noch größere Zahl von Menschen, darunter auch Kinder, wurde gefangengenommen und später erschossen oder deportiert und interniert.

Die geschwächte, kriegsmüde Bevölkerung hoffte unterdessen auf die proklamierte Neue Ökonomische Politik. Diese versprach unter anderem das Ende der Zwangsbeschlagnahmung von Getreide, die die allgemeine Rebellion ausgelöst hatte.

In der Zwischenzeit hatten neuerliche Lebensmittelkürzungen auch in den Städten das Fass zum Überlaufen gebracht. Die Revolution schien Anfang der 1920er Jahre zum Ausgangspunkt zurückzukehren. Streikende Arbeiter und Kronstädter Matrosen, von denen viele schon während des Jahres 1917 in Dienst gewesen waren, protestierten gegen die Versorgungslage ebenso wie gegen die bolschewistische Alleinherrschaft.

Lenin reagierte darauf nicht nur mit ersten Ansätzen einer wirtschaftlichen Liberalisierung, sondern festigte vor allem mit brutalen Mitteln seine Macht. Innerparteilich wurde durch das sogenannte Fraktionsverbot der offene Meinungsaustausch erschwert und die Herrschaft weniger KP-Kader (Oligarchie) letztlich in eine Alleinherrschaft (Monokratie) des Parteiführers umgewandelt. Allen voran drängte Leo Trotzki inzwischen zur Eile: Den meuternden Marineangehörigen in Kronstadt drohte er am 5. März 1921 an, sie »wie die Hasen abzuschießen«, wenn sie nicht unverzüglich kapitulierten. Eine Verlängerung seines Ultimatums war nicht zu erwarten, denn das Eis vor Kronstadt begann bereits zu tauen. Einmal davon befreit, galt die Festung als kaum bezwingbar.

Die von Michail N. Tuchatschewskij befehligten Sowjeteinheiten in der Stärke von geschätzten 10 000 Mann gingen ab dem 7. März in die zunächst erfolglose Offensive. Trotz des Einsatzes unter anderem von KP-Kadern, Spezial- und Tscheka-Abteilungen mussten die Bolschewiki schockiert zur Kenntnis nehmen, dass es auch in ihren Reihen zu Widerstand und Sympathieerklärungen für den Gegner kam. Mit einer zweiten Attacke von knapp 30 000 Kämpfern ab den Morgenstunden des 17. März gelangten Tuchatschewskij und Trotzki jedoch ans Ziel. Die im Artilleriefeuer zur »Gegenrepublik« erklärte Zitadelle wurde genommen.

Schätzungsweise jeweils 2000 Mann waren auf beiden Seiten gefallen. Gleichfalls rund 2000 Rebellen dürften hingerichtet worden sein. Mehr als 6000 Meuterer hatte man gefangengenommen. Mehrere Tausend Aufständische konnten nach Finnland fliehen. Die dortige Regierung beschwerte sich kurz darauf in Moskau wegen der drohenden Seuchengefahr: Als Folge der Eisschmelze waren Hunderte Leichen an den Küsten angeschwemmt worden.

Obwohl vielerorts Aufständische und kleinere Kampfverbände in den kommenden Monaten und Jahren noch Widerstand leisteten, gab es 1921 im Grunde keine Zweifel mehr: Lenins Regierung hatte militärisch gesiegt. Das kommunistische Rätesystem festigte sich, während die Gegenkräfte allmählich schwanden. Mit der Niederlage der antibolschewistischen Opposition in Russland und insbesondere der weißen

Michail N. Tuchatschewskij (1893–1937) geriet während des Ersten Weltkrieges in deutsche Gefangenschaft. Nach geglückter Flucht wurde er einer der bedeutendsten Kommandeure der Roten Armee. Als Generalstabschef und stellvertretender Volkskommissar für Verteidigung hatte er höchste militärische Positionen in der Sowjetunion inne. Zudem war er als Organisator der Streitkräfte ebenso tätig wie bei Aufstandsplänen der Kommunistischen Internationale. 1937 wurde er ermordet. Sein Tod stand für die Verfolgung und Beseitigung Tausender Offiziere, die »Enthauptung« der Sowjetarmee, unter Stalin.

Moskauer Rotarmisten, die bei der Niederschlagung des Kronstädter Aufstandes zum Einsatz kamen, März 1921

Armeen endete auch die ausländische Intervention. Parallel zur Überwindung der sozialen Proteste und der Rebellionen im sowjetischen Machtbereich klärten sich wiederum allmählich die Machtverhältnisse in den Randgebieten des ehemaligen Zarenreiches. Während die Kremlführung einige Nationalitäten unterwerfen konnte, entließ sie andere mit bilateralen Verträgen in die Unabhängigkeit. Die Grenzen der Ende Dezember 1922 geschaffenen Sowjetunion standen im Wesentlichen fest.

↗ **Hungersnot im Wolgagebiet: Allein in der Provinz Samara kämpften im Herbst 1921 zwei Millionen Menschen um ihr Überleben.**

4 Leben in der Katastrophe

Der Tod in Zahlen

Als Anfang Mai 1920 polnische Truppen gemeinsam mit ukrainischen Nationalisten Kiew einnahmen, beobachteten die Bewohner der Stadt den Einzug der neuen Besatzungsmacht beinahe gleichmütig: Seit 1917 hatte die alte Dnjepr-Metropole bereits elf Machtwechsel erlebt – und es sollte nicht der letzte bleiben.

Unter vergleichbaren Umständen fehlte es in fast allen Territorien des einstigen Zarenreiches über Jahre hinweg an Zeit und Mitteln, um wirksamere Verwaltungsstrukturen und dauerhafte Herrschaftssysteme zu etablieren, weshalb sich das Geschehene nur notdürftig dokumentieren ließ. Wer hätte etwa das ganze Ausmaß des Chaos und der Gewalt mit halbwegs verlässlichen Zahlen erfassen können?

Bis in die jüngste Zeit unterscheiden sich deshalb auch die Angaben zu den Opfern beträchtlich: Revolution, Terror, die Kämpfe zwischen Weißen und Roten, die Bauernrebellionen und unter anderem die große Hungersnot an der Wolga haben einer Gesamtbilanz zufolge etwa 25 Millionen Menschen das Leben gekostet. Andere Quellen sprechen von rund 10 Millionen Toten. Differenzierte Auflistungen gelangen zu noch niedrigeren, wenngleich nach wie vor erschreckenden Ergebnissen: Militärische Konflikte und die Versorgungskatastrophe dürften in Russland bis zu 3 Millionen und in der Ukraine bis zu 1,5 Millionen Tote gefordert haben.

Nach Todesursachen gliedern sich weitere Schätzungen, die wiederum andere Gesamtzahlen nennen, wie folgt: Gefallen oder an ihren Verwundungen gestorben sind rund 700 000 Rotarmisten und circa 225 000 Weißgardisten. Noch wesentlich blutiger als bislang angenommen dürften antisemitische Pogrome verlaufen sein: Von 300 000 bis 600 000 Ermordeten wird nun bisweilen ausgegangen; andere Forscher hingegen setzen diese Zahl niedriger an. Die Repressalien der Bolschewiki überlebten weitere 1,3 Millionen nicht. Ihre Gegner wiederum töteten – abgesehen von den vielen jüdischen Opfern ihrer Gewaltakte –

Leichen mehrerer »Konterrevolutionäre«, die von Rotarmisten exekutiert wurden (Foto undatiert)

vermutlich mindestens 100 000 Menschen. Epidemien rafften zudem von 1918 bis 1922 zwei Millionen Menschen dahin. Von den rund 30 Millionen, die 1921/22 mit der Hungersnot konfrontiert waren, kamen im Wolga-Gebiet und in der Ukraine jeweils ungefähr 1 Million um. Manche vermuten jedoch, es seien in beiden Regionen zusammen sogar 5 Millionen Menschen verhungert.

Ungeachtet aller Meinungsunterschiede sind sich sämtliche Forscher jedoch einig, dass im (ehemaligen) Zarenreich mit seinen rund 180 Millionen Einwohnern nach 1917 wesentlich mehr Verluste zu beklagen waren als im Ersten Weltkrieg: Bis zu 1,4 Millionen Tote hatte es von 1914 bis zum Umbruch 1917 gegeben. Nach der Revolution allerdings erreichte das Massensterben nahezu alle Gegenden des riesigen Hinterlandes, wobei die überwiegende Mehrheit der Opfer nicht im Verlauf der bewaffneten Auseinandersetzungen, sondern durch Hunger, Kälte und Krankheiten das Leben verlor.

Auf den Straßen herumliegende Leichen verstörten bald niemanden mehr. Ebenso wenig schockierten Morde, die bisweilen aus geringfügigstem Anlass begangen wurden. Ein Menschenleben zählte so gut wie nichts. Die allgemeine Unsicherheit musste letztlich sogar die politische Führung verängstigen. Wollte Lenin seine Unterkunft verlassen, war das nicht selten mit hohen Risiken verbunden. Von seinem Arbeitszimmer im Kreml aus dekretierte er die Neuordnung einer Welt, die ihm persönlich in vielerlei Hinsicht fremd blieb.

Die Revolution ging von Anfang an mit einer bereits durch den Weltkrieg verstärkten Verrohung der Gesellschaft einher. Ab 1917 drohten dann alle Dämme zu brechen. Schon der Sturz des Zaren und die damit verbundenen Ereignisse im Februar bzw. März 1917 hatten mehr Menschenleben gekostet als offiziell verkündet. Die Provisorische Regierung sprach von 300 Toten, manche Beobachter nannten hingegen 1500 allein für Petrograd und Umgebung.

Der große Rausch

Dem Grauen war jedoch vielfach ein Gefühl der Befreiung und der Hoffnung vorangegangen. Die Farbe Rot, die für den Bruch mit dem alten Regime stand, mochte an die Ströme vergossenen Blutes, an die

Boris M. Kustodijew (1878–1927) bringt in seinem Gemälde aus dem Jahr 1920 die Wirkung der Revolution zum Ausdruck. Menschenmassen werden durch die Ereignisse mobilisiert, versammeln sich in den Straßen und auf den öffentlichen Plätzen. Über ihnen als Symbol der alles verändernden Umwälzungen der riesenhafte »Bolschewik«. Dieser Lesart stehen allerdings subtilere und kritischere Interpretationen gegenüber. Kustodijews Werk deutet aus anderen Perspektiven vor allem die Gewalttätigkeit der Geschehnisse, die Fragwürdigkeit des Umsturzes und der Handlungsweise der Akteure an.

Getöteten des Umsturzes ebenso wie an die unzähligen Gefallenen an den Fronten erinnern. Zugleich aber symbolisierte sie den Aufbruch in eine vermeintlich strahlende Zukunft der Demokratie, der Gleichberechtigung und Menschlichkeit. Besonders Petrograds rote Fahnen signalisierten die ersehnte Wende. Sie wehten auf den Bastionen der vertriebenen Zarenmacht: auf der Peter-und-Pauls-Festung und auf dem Winterpalais.

Revolutionäre Lieder waren ebenso zu hören wie die Anreden »Bür-

ger« und »Genosse« oder das respektvolle »Sie« selbst für Lakaien: Der Umbruch versprach Gleichheit und Freiheit. Und die auch in Russland, nicht zuletzt von Sozialisten gesungene *Marseillaise* kündete von den Idealen, die ab 1789 in Frankreich zu schlagkräftigen Losungen geformt worden waren. In unzähligen Versammlungen befiel das ganze Land, das sich für das freieste der Welt zu halten begann, ein regelrechter »Rausch des freien Wortes«. Der »entbundene Gedanke« weckte fantastische Erwartungen.

Die Menschen erprobten neue Stile und kulturelle Codes. Wer Matrosenhemd, Lederjacke und halbmilitärische Tunika trug, brachte die »Tugenden des Wandels« zum Ausdruck. Die Insignien der vergangenen Herrschaft hingegen hatten zu verschwinden, obwohl sie in Wahrheit gerade zu Beginn der Revolution meist nur oberflächlich verändert wurden. Der zarische Doppeladler zum Beispiel verlor gelegentlich nur seine Krone, prangte aber weiterhin an vielen Stellen.

Manche bürgerlichen Kräfte setzten bewusst auf Kontinuitäten, sei es in Hymnen und Dokumenten oder auf Amtsschildern. »Volkstümler« und Sozialisten bevorzugten jedoch andere Symbole: Hammer und Sichel oder die aufgehende Sonne. Die Formensprache brachte die Spaltung der Bevölkerung in unterschiedliche soziale Milieus und weltanschauliche Gruppierungen zum Ausdruck.

Ein zunächst latenter Klassenkampf trat bald offen zutage, zumindest zwischen den gebildeteren Schichten und der breiten Masse. In diversen Ritualen lebten die Menschen ihre Aggressionen aus: Dem Einschmelzen metallischer Embleme aus der Zarenzeit folgten neben dem Zerstören von Denkmälern des Öfteren Angriffe auf die Porträts der gestürzten Obrigkeit. Die Augen wurden den auf Gemälden dargestellten Zaren ebenso ausgestochen wie den abgebildeten Amtspersonen, Gouverneuren und Generälen. Der um sich greifende Vandalismus ging mit Plünderungen einher, bald folgten tätliche Angriffe vor allem auf Offiziere der alten Armee.

Die wachsende Radikalität begünstigte ein beachtlicher Alkoholkonsum. Die aufgestachelte Menge verschaffte sich Zutritt zu Gutshäusern und Palästen – und damit auch zu Weinkellern sowie Vorratskammern mit Spirituosen aller Art. Allein aus dem Winterpalais in Petrograd verschwanden im Zuge der Oktoberrevolution Zehntausende Flaschen mit hochprozentigen Getränken. Der erbeutete Wodka wurde auch an die Menge verkauft. Betrunkene randalierten, machten Jagd auf Wohlhabendere, plünderten Wohnungen oder Geschäfte und versorgten sich in den Läden mit noch mehr Schnaps. Der drohenden Anarchie standen zunächst selbst die zu drakonischen Maßnahmen neigenden Bolschewiki machtlos gegenüber. Wochenlang herrschte der Ausnahmezustand. Als man versuchte, Wein auf die Straßen zu pumpen, fingen Passanten an, ihn direkt aus dem Rinnsal zu trinken. Lenins Mitstreiter mussten feststellen, dass sich ihre eigene Anhängerschaft an dem enthemmten Treiben beteiligte. Tatsächlich hatten sich sogar die von den Bolschewiki aufgestellten Wachen an den Vorräten vergriffen.

Der Freiheitsrausch kippte vielerorts in einen Blutrausch, der ebenfalls mit Trunkenheitsorgien einherging. Bereits vor dem »Roten Oktober« trug unter anderem der Konsum enormer Mengen an Wodka zu Exzessen bei. Lynchmorde an Gutsbesitzern wurden geradezu zum Massenphänomen. Der Schriftsteller Maxim Gorki gab an, mehr als 10 000 Fälle von »Mobjustiz« gezählt zu haben.

Jene, die Ordnung schaffen wollten, handelten indessen selbst ausgesprochen grausam. Zügellosigkeit und Rachegelüste sowie die Radikalisierung durch Krieg und Revolution galten als Ursachen der maßlosen Aggression. Das Fieber der Enthemmung schien zudem insbesondere das Gewaltpotenzial der dörflichen Gemeinschaften zu spiegeln. Im Zuge von Strafaktionen war es mancherorts üblich, dass angebliche oder tatsächliche Delinquenten langsam und qualvoll gekreuzigt, ausgeweidet oder zerstückelt wurden. Einige neigten von vorneherein

Maxim Gorki (1868–1936) war einer der bedeutendsten russischen Schriftsteller seiner Zeit. Er befürwortete soziale Veränderungen, blieb aber ein kritischer Kommentator im Verlauf der bolschewistischen Machtergreifung und der nachfolgenden Kämpfe. Aus politischen wie gesundheitlichen Gründen blieb er für mehrere Jahre im Ausland, bis er ab 1927 wieder auf das Sowjetregime zuging, in seine Heimat zurückkehrte und die Schattenseiten der Herrschaft Stalins weitgehend ausblendete.

Hinrichtungsstätte der Tscheka in Kiew

zu ausgesprochenem Sadismus, andere begingen Gräuel unter dem Einfluss von Drogen und Alkohol.

Erschießungen bildeten oft erst den Abschluss langer Torturen. Angehörige der bolschewistischen Geheimpolizei, der Tscheka, zersägten zum Beispiel Arme und Beine von Gefangenen. Schädel wurden mit Lederriemen zertrümmert, an denen eiserne Bolzen hingen. Käfige voller Ratten, befestigt an den Körpern der Gequälten, erhitzte man, damit sich die nach einem Fluchtweg suchenden Tiere durch die Eingeweide der Opfer fressen mussten. Ein Folterknecht rühmte sich der »Handschuhmethode«: Er übergoss die Hände der Geschundenen mit glühend heißem Wasser, um ihnen dann die Haut abziehen zu können. Menschen wurden bei lebendigem Leib begraben oder in Öfen verbrannt. Andere übergoss man im Winter mit Wasser, damit sie zu Eis gefroren. Außerdem wurden viele Opfer gequält, indem man sie die Hinrichtung oder Vergewaltigung ihrer Familienangehörigen mit ansehen ließ. Dabei prahlten die Missetäter noch mit ihren Verbrechen, um ihre besondere Skrupellosigkeit und Härte unter Beweis zu stellen.

Verfall, Elend, Hunger

Gewaltorgien, bewaffnete Konfrontationen und Staatszerfall, aber auch die Zwangsmaßnahmen des Kriegskommunismus zerstörten unterdessen das Wirtschaftsleben auf beispiellose Weise. Die Statistiken, so sehr sie im Einzelnen auch variieren mögen, belegen einen dramatischen Trend. Die Industrieproduktion kam 1917 auf 77 und 1919/20 auf nur noch rund 20 Prozent des Vorkriegsniveaus. Die Arbeitslosigkeit stieg, erst recht, als mit dem Ende des Ersten Weltkrieges ca. 7 Millionen Soldaten der Zarenarmee demobilisiert wurden.

Bei der Energieversorgung und Rohstoffgewinnung sah es nicht besser aus. Gemessen an den Werten von 1913 förderte Russland zwei bis drei Jahre nach dem Sturz des Zaren nur noch 42 Prozent der Öl- und 27 Prozent der Kohlemengen. Die Herstellung von Bauwollgarnen und die Förderung von Eisenerz sanken auf 5 bzw. 2,5 Prozent des Vorkriegsniveaus, sodass beides fast nicht mehr erhältlich war. Enorm war zudem der Rückgang der jährlichen Getreideproduktion von 78 auf 48 Millionen Tonnen zwischen 1913 und 1920.

Gewiss hatten die Friedensbedingungen von Brest-Litowsk angesichts des gewaltigen Verlusts an Agrargebieten, Minen, Fabriken und Unternehmen diese ökonomische Talfahrt beschleunigt. Neben der politischen, sozialen und infrastrukturellen Zerrüttung wirkte sich aber auch das eingeschränkte Warenangebot negativ auf die Agrarregionen aus. Die Bauern, zeitweilig ohnehin mehr mit der Verteilung als mit der Bewirtschaftung der Böden befasst, bekamen für den Erlös ihrer Ernteerträge kaum noch die benötigten Waren.

Der Verkauf landwirtschaftlicher Produkte wurde überdies durch den Umlauf unbrauchbaren Papiergeldes erschwert. 1919 vervierfachte sich die zirkulierende Geldmenge auf 255 Milliarden Rubel. 1920 überschritt sie den Betrag von einer Billion. Ein Jahr später waren es 13 Billionen. Die russische Wirtschaft schlitterte von der Inflation in den bargeldlosen Tauschhandel. Über ein Einkommen zu verfügen, bedeutete nur noch wenig. Der geringe und obendrein fast wertlose Lohn verwischte die Grenze zur Erwerbslosigkeit.

Die Not veränderte auch das Erscheinungsbild der Industriearbeiterschaft, welche die Bolschewiki eigentlich als homogenes, klassenbewusstes »Proletariat« zu vertreten beanspruchten. Die Beschäftigten

Nahrungsmittelknappheit: Frauen warten vor einem Lebensmittelladen, um 1920.

Das neue Proletariat in Sowjet-Rußland.

Ch. Sollvay, einst ein bekannter russischer Rennstallbesitzer, lebt jetzt vom Straßenhandel in Petersburg.

Ein Straßenhändler in Petrograd im Jahr 1920: Der sowjetkritische Kommentar zur Abbildung verweist auf die besonders schlechten Lebensverhältnisse der früheren Mittel- und Oberschicht.

in den Fabriken schlugen sich häufig als Gelegenheitshandwerker und Kleinhändler durch. Mit Materialien, die sie aus den darniederliegenden Betrieben entwendet hatten, fertigten sie Geräte des täglichen Gebrauchs an, um sie auf dem Land gegen Lebensmittel einzutauschen.

Hamsterfahrten waren von existenzieller Bedeutung. Die sogenannten »Sackleute« verkörperten die Misere der Zeit. Der Tausch und der Schwarzmarkt erwiesen sich vorerst als unerlässliche Voraussetzungen, um wenigstens halbwegs ein Auskommen zu finden. Umso bedrückender war es, dass die Sowjetführung dagegen ankämpfte: Mit dem planwirtschaftlichen Staatsmonopol der Lebensmittelversorgung, der Überwachung von Güterherstellung und -verteilung, der Kontrolle des Arbeitsmarktes, der Verstaatlichung der Betriebe und den ersten Kollektivierungsversuchen der Landwirtschaft verschlimmerte sie die Lage zusätzlich. Auf dem Höhepunkt dieser Maßnahmen im Jahr 1920 versuchte man schließlich, dem Geldsystem durch eine umfassende öffentliche Rationierung ein Ende zu bereiten.

Verwaltet wurde dadurch zunächst einmal das Elend. Insbesondere in den Städten kam das öffentliche Leben fast vollständig zum Erliegen. In den stillen, dunklen und verschmutzten Straßen wuchs Gras. Die Gebäude verfielen. Hinterhöfe verwandelten sich in Aborte. Ungeziefer vermehrte sich explosionsartig. Wasserleitungen barsten, Reparaturen blieben unerledigt. Elektrizität, sofern sie überhaupt vorhanden gewesen war, gab es kaum mehr. Selbst hergestellte Öllampen, deren beißender Qualm Hals und Lungen reizte, schwärzten die Räume. Restaurants und Geschäfte schlossen, die Arbeit in den Fabriken wurde eingestellt.

Die Suche nach Nahrung verleitete so manchen zu Verzweiflungstaten. Nicht nur das Fleisch von Pferden, sondern auch von Hunden, Katzen und Vögeln landete in übelriechenden Notgerichten. Zu der erbärmlichen Ernährungssituation kam die entsetzliche Kälte in den Herbst- und Wintermonaten. Die Bevölkerung begann alles Brennbare zu sammeln: Nicht nur verschwanden alle Bäume aus den Städten, auch Türen und Tore, Vertäfelungen, Dielenbretter und Fensterrahmen wurden herausgerissen und zerkleinert. Die Jagd nach Heizmaterial veränderte das Erscheinungsbild ganzer Städte: 1919/20 zerstörte man allein in Petrograd 3000 Holzhäuser.

Ein Plakat aus dem Jahr 1921 mit der Aufschrift »Denk an die Hungernden!«

Unter solchen Umständen entschlossen sich viele, auf immer oder zumindest für längere Zeit den Metropolen den Rücken zuzukehren. Zwischen 1918 und 1920 sank die Bevölkerungszahl in Moskau um 50 und in Petrograd sogar um 75 Prozent. Zurück blieben Geisterstädte. Das Chaos an den Bahnhöfen und entlang des Schienennetzes hielt die Verzweifelten nicht von ihrer Flucht ab. Ein beinahe vollkommen kollabiertes öffentliches Transportsystem konnte den Ansturm nicht annähernd bewältigen.

Das erhoffte bessere Leben war aber auch an entlegeneren Orten nicht zu finden. Die politischen Wirren und militärischen Konflikte, die Verteilungsprobleme und Zwangsrequisitionen machten sich gerade auch in den Agrargebieten bemerkbar. Zusätzlich trugen Missernten zum generellen Niedergang der Landwirtschaft bei. Finanzielle Reserven wurden aufgebraucht, die bäuerlichen Vorräte gingen schließlich zuneige. Ein Viertel der Bauern Sowjetrusslands hatte im Frühjahr 1921 wenig oder gar nichts mehr zu essen. Besonders betroffen waren Baschkirien und Kasachstan, Westsibirien und die südliche Ukraine sowie die Gebiete an den großen Flüssen Wolga, Ural, Kama und Don. Die geschwächten Bewohner sahen sich darüber hinaus von epidemischen Krankheiten, vor allem von Fleckfieber und Cholera, bedroht.

Im Herbst 1921 kämpften knapp zwei Millionen Menschen allein in der Provinz Samara mit dem Tod, 700 000 von ihnen starben. Die Überlebenden vegetierten dahin und boten ein Bild des Elends – sie aßen Gras, Unkraut, Moos, Blätter und Baumrinden oder das Stroh von den Dächern. Fälle von Kannibalismus häuften sich. In den Dörfern lagerte man die Verstorbenen, darunter viele Babys, als Fleischvorrat ein.

»Wir und die Anderen«

Leben in der Katastrophe hieß zunächst: Überleben in der Katastrophe. Der Misere durch Abwanderung zu entkommen, erschien in Anbetracht der Zustände in fast allen Landesteilen aussichtlos. Verstärkte Behördenkontrollen schränkten außerdem die Reisemöglichkeiten ein. Dabei hatten anfangs gerade die Bolschewiki in der Bewegungsfreiheit ein Symbol für die Wende zum Besseren gesehen. Die Entlassung von Häftlingen und Kriegsgefangenen inszenierten sie beispielsweise unmittelbar nach ihrer Machtergreifung als Akt der Befreiung.

Während sich aber in Wahrheit Lager und Gefängnisse rasch mit den zahlreichen Verfolgten und Gegnern des Sowjetregimes füllten, begegneten Lenin und seine Parteigänger bald allen Umherziehenden mit zornigem Misstrauen. Die Direktive lautete nun, keinen einzigen »überflüssigen Esser« in die hungernden Gouvernements zu lassen. Die Kremlführung warnte vor »einsickernden Spionen«, »Saboteuren« und »Provokateuren«, deren »konterrevolutionäre Absicht« es sei, die von der Versorgungskrise am meisten betroffenen Gebiete mit Flüchtenden zu »überschwemmen«.

Verbunden waren derartige Ängste und Bedrohungsszenarien mit dem Bemühen um noch intensivere Kontrollen und Abgrenzungsmaßnahmen. Provinzen, Gouvernements, aber auch soziale Milieus und Lebenswelten, Dörfer und schließlich Familien begannen sich regelrecht voneinander abzuschotten. Die allgemeine Zersplitterung der Gesellschaft stellte sich dabei zugleich als Konsequenz der Krise und als Ursache für ihre Verschärfung dar.

Der Zerfall deutete sich schon mit dem Sturz des Zaren an. Tiefgreifende Veränderungen des Gemeinwesens folgten auf allen Ebenen. Kommunenähnliche Zusammenschlüsse, etwa von Jugendlichen, die verwahrloste, leerstehende Wohnungen bezogen, stehen für diese Entwicklung.

In den Betrieben hatten sich bald Fabrikkomitees gegründet, die nicht nur einzelne soziale Forderungen gegenüber der Unternehmensleitung durchsetzten. Die neuen Gremien übernahmen schließlich sogar selbst die Führung, sie entschieden über die Produktion, Löhne, An- und Verkäufe, Einstellungen und Entlassungen. Kritiker merkten (oft mit gutem Grund) an, es handele sich bloß um andere Führungscliquen, die sich nun unter diesen Umständen die Taschen füllen wollten.

In jedem Fall sollten die Anlagen und Rohstoffe der Firmen den meisten Fabrikkomitees vor dem Hintergrund der zunehmenden ökonomischen Zerrüttung zu einer gewissen Autarkie verhelfen. In einem Meer von autonomen oder unabhängigen Schutz- und Versorgungsverbänden bildeten sie jedoch keine Ausnahmen: Dorfkommunen und einzelne Militärverbände waren gleichfalls vor allem auf sich selbst gestellt. So sehr diese Entwicklung zunächst den Revolutionären in die Hände spielte: für den Herrschaftsanspruch der Bolschewiki stellte sie zunehmend eine Herausforderung dar.

Ähliches galt für das Eigenleben der sogenannten »Hauskomitees«, die sich um Heizung, Mieterversorgung und dergleichen kümmern

Ein Plakat um 1920 mit der Aufschrift »Befreie Dich von der Wucherknechtschaft / Gründe Kreditgenossenschaften«: Neben Komitees und Kommunen entstanden genossenschaftliche Vereinigungen, die von der Sowjetführung gefördert wurden.

sollten. Dass sie Pässe und andere Dokumente kontrollieren durften, verhalf ihnen im Prozess der großen Umwälzungen zu einem beträchtlichen Einfluss auf der Mikroebene der Gesellschaft. Die Bolschewiki schätzten durchaus, dass die Komitee-Mitglieder oft ehemalige Pförtner oder Hausdiener waren. Letztere strebten nicht nur danach, in geräumigeren Unterkünften gleich mehrere Hausparteien unterzubringen. Vielmehr beanspruchten sie selbst die besten, mit dem edelsten Mobiliar eingerichteten Zimmer, während die frühere Oberschicht in den Kammern der Bediensteten unterkommen musste. Die rachsüchtige Absicht, »den Spieß umzudrehen«, war allgegenwärtig. Manche, die bisher als Knechte und herrschaftliche Diener tätig gewesen waren, erklärten offen, nun seien sie an der Reihe, in herrlichen Wohnungen auf bequemen Sofas zu liegen und dem Müßiggang zu frönen.

Das entsprach freilich keineswegs dem propagierten Arbeitsethos der nunmehrigen Machthaber, die überdies erkennen mussten, dass sich manche Zusammenschlüsse von Hausgemeinschaften zu eigen-

Plakat aus dem Jahr 1920 mit der Aufschrift »Es lebe der Bund der Arbeiter und Bauern«

ständigen Klubs entwickelten. Nicht selten waren sie beispielweise bei der Beschaffung und Verbreitung von unzähligen Nachrichten behilflich, über die Zeitungen oft bestenfalls lückenhaft informierten. Und nicht überall schien sich zudem das von der neuen Führung idealisierte »Proletariat« durchzusetzen. Das Volkskommissariat für innere Angelegenheiten brachte im September 1918 seine Unzufriedenheit zum Ausdruck: Die meisten bisherigen »Hauskomitees« seien als »konterrevolutionär« einzustufen. Bei Neuwahlen habe man darauf zu achten, vor allem einstige Eliten auszuschließen.

Klassenkampf und Repressionen erschütterten währenddessen vor allem auch eine ländliche Parallelgesellschaft, die mit ihren Riten, Vorstellungen und Traditionen verschiedene Zeitenwenden überdauert zu haben schien. Wirklich kollektiv gehandelt wurde in den Dorfgemeinden allerdings kaum. Vielmehr hatten in ihnen für gewöhnlich die faktisch unangreifbaren Ältesten das Sagen. Sie waren für diverse Abgabenleistungen und die Auswahl der Armeerekruten verantwortlich.

Das Dorf regelte wohl interne Übergriffe, Unregelmäßigkeiten und Alltagskonflikte mit oft brutalen Disziplinierungs- und Strafmaßnahmen, konnte aber in Krisen- und Hungerphasen auch eine Schutzbastion sein. Gerade darin sahen viele seine wichtigste Funktion, namentlich als die Sowjetrepräsentanten – nach ihrer anfänglichen Akzeptanz einer eigenmächtigen bäuerlichen Landnahme – zu rücksichtlosen Beschlagnahmungen übergingen. Das Regime und seine Erfüllungsgehilfen, aber auch seine Gegner griffen zu immer härteren Maßnahmen. Die Gewaltspirale drehte sich weiter.

Dabei täuschten die ausbrechenden Aufstände und Kämpfe darüber hinweg, dass das Gros der Landbevölkerung den politischen Kräften eher indifferent gegenüberstand und vor allem mit sich selbst befasst war. Zahlreiche Dörfer betrachteten die Streitparteien als Eindringlinge, die Mehrheit wollte nichts mit den auftauchenden Kampfverbänden zu tun haben. Aus ihrer Sicht waren die Wirren und bewaffneten Konfrontationen primär von außen in die Gemeinden getragen worden.

Der Aufbau der neuen bolschewistischen Macht

Der Widerstand in verschiedenen Lebens-, Gesellschafts- und Arbeitsbereichen hatte die Herrschaft Lenins zunächst existenziell bedroht. Mitarbeiter der alten Ministerien boten den »Volkskommissaren« offen die Stirn. Streiks und Sabotageakte legten den Staatsbetrieb lahm. Bedienstete schlossen ihre Büros und nahmen oft einfach mit, was ihnen wertvoll erschien. Gerichte, Schulen, Universitäten, die Eisenbahnverwaltung, Kommunalverwaltung, Post- und Telegrafenämter verweigerten sich den neuen Machthabern. Der Konflikt spitzte sich rasch zu – vor allem im Bankwesen. Lenin ließ schließlich Geiseln nehmen und verlangte Lösegeld. Spareinlagen wurden beschlagnahmt. Die Enteignung des Bürgertums und vor allem der besonders vermögenden Schicht begann.

Im Kampf um die Verwaltung und Lenkungsmechanismen des öffentlichen Lebens verfolgte das Sowjetregime indes eine besondere Taktik: Zunächst hatte es, allem Anschein nach, die völlige Demontage des alten Systems inklusive traditioneller Administrations- und Kommunikationsformen vor Augen. Dieser Kurs kam etwa in Trotzkis Haltung gegenüber den diplomatischen Agenden zum Ausdruck, die ihm als Verantwortlichen für äußere Angelegenheiten oblagen. Der »Laden«, ließ er wissen, also das nun »Volkskommissariat« genannte Ministerium, solle noch ein paar Propagandaaufgaben erfüllen – und dann seine Tore schließen. Als wenig später Isaak Steinberg, ein Mitglied der linken

Leo Trotzki (1879–1940). Er war ursprünglich ein Kritiker Lenins und erlangte bereits 1905 als Vorsitzender des Petrograder Sowjets eine größere Bedeutung. Nach Verbannung und Emigration schloss er sich 1917 den Bolschewiki an. Trotzki wurde zu einer Schlüsselfigur der Oktoberrevolution und des »Bürgerkrieges«. Im innerparteilichen Machtkampf der 1920er Jahre unterlag er aber Stalin, der ihn im mexikanischen Exil ermorden ließ.

Sozialisten-Revolutionäre und Koalitionspartner der Bolschewiki, als Volkskommissar für Justiz gegen Dekrete und Befehle protestierte, die den Sowjetrepräsentanten einen Freibrief für die Verhaftung und Exekution von »Rowdys« und »Konterrevolutionären« ausstellten, hinterfragte er den Zweck seines ganzen Ressorts. Zu seiner Überraschung gab ihm Lenin recht: Man könne es auch Kommissariat zur »sozialen Ausrottung« nennen. Sei dieses Ziel erreicht, brauche man sich eigentlich nicht mehr um seinen Weiterbestand zu kümmern.

Unterdessen ging der Partei- und Regierungschef mit seinen Getreuen daran, neue Verwaltungs-, Kontroll- und Unterdrückungsapparate aufzubauen. Sonderorgane wurden geschaffen: Noch vor dem Jahresende 1917 entstand die Geheimpolizei Tscheka, deren erstes Ziel die Bekämpfung der »Konterrevolution, Spekulation und Sabotage« war, wie es bereits in ihrem offiziellen Namen hieß. Als einen ihrer Hauptfeinde hatten die Bolschewiki auch das widerspenstige Finanzwesen ausgemacht.

Wenig später sah sich die Sowjetführung im Kampf gegen alle bewaffneten Gegner zur Umstrukturierung des Militärwesens veranlasst. Trotzki, nunmehr Kriegskommissar, trat mit seinem Kollegium an die Spitze eines »Revolutionären Militärrates« der RSFSR. Zu deren Schutz sollte dieses Gremium alle notwendigen Ressourcen zusammenfassen und koordinieren. Eine bis in die untersten Amtsbezirke reichende Organisation präsentierte sich in der Folge als geschlossenes System mit erheblichen Befugnissen. Einige Wochen nach seiner Gründung erhielt der Revolutionäre Militärrat Ende November 1918 zudem Flankenschutz bei der Versorgung der Streitkräfte und den damit verknüpften Rüstungsbestrebungen in Form des »Rates für Arbeiter- und Bauernverteidigung«. Letzterer konzentrierte sich dann ab dem Frühjahr 1920 als »Rat für Arbeit und Verteidigung« speziell auf den wirtschaftlichen Wiederaufbau.

In diesem Zusammenhang richtete die Regierung zunächst einen »Obersten Volkswirtschaftsrat« und regionale Wirtschaftsräte ein, um die weiteren ökonomischen Entwicklungen zu gestalten. Schon zur Jahresmitte 1918 zeichnete sich eine Zentralisierung auf der Basis der Verstaatlichung aller Großbetriebe ab. Dabei half auch die Militarisierung vieler Betriebe unter Kriegsbedingungen. 3000 Unternehmen, besonders in der Munitionsherstellung und Rohstoffförderung, waren

Von der Kriegführung zum Wiederaufbau: Soldaten einer Fernmeldeeinheit der Roten Armee beim Verlegen von Schwellen und Schienen für die Petrograder Straßenbahn, 1920

davon bis Ende 1920 betroffen. Abgesehen hatte es die Kremlführung überdies auf die Fabrikkomitees. Ein autoritäreres System unter den von der Partei bestimmten Direktoren ersetzte die kollegialen, teilweise von den Arbeitern gewählten Leitungsgremien.

Durch die neuen Organisationsformen wuchs sowohl die Zahl der Kommunisten als auch die der Staatsbediensteten. Dass damit Nachteile verbunden waren, nahm selbst die Kremlführung wahr. Lenin reagierte auf kritische Berichte über Korruption, Privilegien-Sümpfe und Amtsmissbräuche mit »Säuberungen«. Vor allem Ausschlüsse aus der Kommunistischen Partei folgten, deren Mitgliederzahl sich 1919 um 46 und 1920 noch einmal um 30 Prozent reduzierte. Eine eigene Behörde im Rang eines Volkskommissariats, die »Arbeiter-und-Bauern-Inspektion«, sollte den überhandnehmenden Bürokratismus in die Schranken weisen. Tatsächlich passierte das Gegenteil: Die neue Institution unter der Leitung Stalins verwandelte sich bis Ende 1920 in ein Verwaltungsmonster mit 100 000 Beamten.

Der Staatsmoloch sowie die trotz Kritik und Gegenmaßnahmen anschwellenden KP-Kader verschmolzen vor allem durch personelle Vernetzungen miteinander. Die mit diktatorischen Vollmachten ausgestatteten Volkskommissariate repräsentierten zugleich den Alleinherrschaftsanspruch der Bolschewiki – und vornehmlich ihres Anführers. Bis zu seiner Erkrankung blieb Lenin in der Partei die unangefochtene Autorität. Gerade ihn musste allerdings die Lage an der Basis nachdenklich stimmen. Die »Säuberungen« schwächten nachgeordnete Parteiinstanzen, die Arbeiterschaft litt unter den wirtschaftlichen und politischen Entwicklungen, die Dorfgemeinschaft blieb eine Parallelwelt.

Feindbild Religion

Auch die religiösen Traditionen des Zarenreichs waren für die atheistische Ideologie der Kommunisten keineswegs leicht zu überwinden. Der nicht zuletzt aus dem christlichen Glauben gespeiste Antisemitismus weiter Gesellschaftskreise zielte auf Lenins Gefolgschaft selbst, die sich oft mit dem polemischen Schlagwort »Judäobolschewismus« konfrontiert sah. Zwar waren Juden – gemessen daran, dass sie nur 4 Prozent der Bevölkerung des Zarenreiches ausmachten, und einmal abgesehen von der Existenz eines eigenen jüdischen Arbeiter-»Bundes« – sowohl unter den Sozialisten-Revolutionären als auch unter den Bolschewiki und den Menschewiki mit 14 und jeweils 11 Prozent durchaus überrepräsentiert. Da Nichtjuden aber den weitaus größten Teil der Parteimitglieder, nämlich mehr als 80 Prozent, stellten, ist es kaum zulässig, die jeweiligen Gruppierungen mit dem Attribut »jüdisch« zu versehen – trotz der bisweilen ungleichen regionalen Verteilung jüdischer KP-Funktionäre.

Die bestehenden Ressentiments erwiesen sich ungeachtet dessen noch aus einem anderen Grund als langlebig. Ein von Stalin geführtes »Volkskommissariat für Nationalitätenangelegenheiten« verfügte ebenso über eine eigene jüdische Sektion wie die Kommunistische Partei. Per Dekret brandmarkten diese Gremien im Juli 1918 jegliche »antisemitische Hetze«, doch die mit Terrordrohungen verbundene Verlautbarung gab dem Wirken von Stereotypen und Feindbildern lediglich neue Nahrung.

Realiter konnte von einer Privilegierung der Juden keine Rede sein. Neben einer beträchtlichen Verbreitung antijüdischer Überzeugungen auch in kommunistischen Kreisen hatten Juden – wie viele Angehörige anderer Nationalitäten und Religionen – im Hinblick auf ihre Ansprüche als individuelle Bürger oder ethnisch-konfessionelle Minderheit die

Ein antibolschewistisches Plakat kurz nach der Oktoberrevolution: Trotzki als jüdischer Massenmörder

Entmündigungs- und Homogenisierungsstrategien eines im Aufbau befindlichen totalitären Systems zu fürchten.

Die Sowjetmachthaber ließen dem Assimilierungsdruck, der »Proletarisierung des Schtetls« und der Verdrängung der »mosaischen Bourgeoisie«, der »Geschäftemacher und Wucherer« alsbald einen Schlag gegen zionistische Gruppierungen vor allem in der Ukraine und später auch in den russischen Städten folgen. Zur gleichen Zeit begann das Regime, die übrigen jüdischen Parteien aufzulösen und deren Mitglieder, vor allem jene des »Bundes«, in die Kommunistische Partei zu integrieren. Diese Vorgänge begleiteten antireligiöse Kampagnen, in deren Verlauf alle größeren Synagogen und viele konfessionelle Schulen geschlossen wurden.

Die Mehrheit der Bevölkerung des ehemaligen Zarenreichs gehörte freilich christlichen Konfessionen an, die sich ähnlichen Repressionen ausgesetzt sahen. Schon wenige Wochen nach dem »Roten Oktober« 1917 griffen die Bolschewiki mit Verstaatlichungsverfügungen nach dem Kirchenbesitz. Tichon als Patriarch der bislang tonangebenden russischen Orthodoxie verdammte die sowjetischen »Ungeheuer«. Der vielfach terrorisierte Klerus bemühte sich hingegen nicht selten um Beschwichtigung. Plünderungen und Gewalt aber nahmen überhand, die atheistische Propaganda verschärfte sich. Inmitten der Hungersnot suchte der Kreml Sündenböcke für die Misere und bereitete damit den nächsten Schlag gegen die Priesterschaft vor.

Während viele Menschen angesichts der bewaffneten Auseinandersetzungen und des wirtschaftlichen Elends in der Religion Trost suchten, mündeten die nicht zuletzt auch weltanschaulich motivierten Maßnahmen der Kommunisten in Massenraub und Gewaltexzesse: selbst die für den Gottesdienst verwendeten Wertgegenstände wurden beschlagnahmt. Kreuze, Ikonen, Kelche, Mitren, sogar Ikonostasen verschwanden aus den Kirchen. Vielerorts regte sich Widerstand. 1922/23 kam es zu mehr als 1400 Zusammenstößen mit empörten Einwohnern, bei denen etwa 3500 Geistliche und ebensoviele Nonnen den Tod fanden. Tichon sprach von 10 000 verhafteten und verbannten Priestern, darunter etwa 100 Bischöfe. Die Verfolgung der Kirche dauerte bis 1925 an. Erst aus Rücksicht auf internationale Geschäftspartner milderten die Bolschewiki ihre Politik ab, ohne dass es allerdings zu einem grundlegenden Kurswechsel gekommen wäre.

Beschlagnahmung von Kirchengütern durch die Bolschewiki, 1922

Die »alte Welt«

Im Sinne des fortgesetzten Klassenkampfes gerieten indes besonders die einst Wohlhabenden, die Bürgerlichen und Adeligen, ins Fadenkreuz des Sowjetregimes. Der Rat der Volkskommissare verfügte im Herbst 1918 die Arbeitspflicht für die »Bourgeoisie«. Die »Repräsentanten der Vergangenheit« waren im Übrigen laut sowjetrussischer Verfassung vom Juli 1918 bereits vom Wahlrecht und von der Ausübung öffentlicher Ämter ausgeschlossen worden.

Obwohl die Partei- und Staatsführung langfristig nicht nur in der Armee, sondern auch in Wirtschaftsbetrieben und in der Zivilverwaltung auf »bürgerliche Spezialisten« zurückgreifen musste, diente die Zwangsarbeit vieler »Klassenfeinde« oftmals vor allem der öffentlichen Erniedrigung. Bewusst setzte man die Lebensmittelrationen für die Gedemütigten besonders niedrig an, obwohl ihnen per Verfügung vom Mai 1918 ohnehin bereits die geringsten Rationen zugeteilt worden waren.

Angehörige der bisherigen Mittel- und Oberschicht wurden ausgehungert. Ihre Wohnungen und ihr Eigentum fielen an proletarische Günstlinge. Eine Verordnung vom März 1918 gab Anweisung, den Wohnraum für die »Ehemaligen« streng zu limitieren. Mancherorts zielte man außerdem auf die »Vergesellschaftung von bourgeoisen Frauen« ab – Vergewaltigungen und Morde waren die Folge.

Wer immer Gelegenheit dazu hatte, suchte trotz Restriktionen und Kontrollen das Weite. Aus den sowjetischen Einflussgebieten flüchteten allen voran Aristokraten, Bankiers, Industrielle, Kaufleute, Journalisten, Künstler, Juristen und Politiker. In den von ihnen angesteuerten Städten insbesondere des Südens und Ostens schien für kurze Zeit noch einmal der Alltag einer vergangenen Epoche aufzuleben. Speziell Kiew unter dem Hetman Skoropadskyj versprach den Geflohenen im Sommer und Herbst 1918 Schutz und Beschäftigung. Die Gebäude füllten sich rasch mit Zuwanderern. In den überbelegten Wohnungen mussten selbst Fürsten auf Sofas oder Fußböden schlafen. Die dem Untergang geweihten Eliten verfielen in eine Art Rausch. Sie frequentierten Nobelrestaurants, Klubs und Casinos. Die Nächte nahmen kein

Von den Truppen Denikins ermordete Anhänger der Bolschewiki

Ende. Cafés, Theater und Kabaretts machten enormen Umsatz. Die Geschäfte boten exklusive Waren an: Parfüm, Seide, Champagner, Kaviar.

An den morastigen Straßen von Nowotscherkassk in Südrussland entstand ebenfalls ein kleines Exil-Petrograd. Bunte Kavallerieuniformen, Generals-Epauletten und kaukasische Pelzmützen beherrschten das Bild. An Schlagkraft gewannen die weißen Offiziere durch den Zustrom der Flüchtlinge jedoch kaum. Dass Intellektuelle an ihrer Seite kämpften, trug wenig zur militärischen Effizienz der antibolschewistischen Streitscharen bei.

Den Dichtern und Denkern aber galt das Dongebiet als letzte Bastion der Zivilisation. Buchstäblich wollten die alten Eliten die Uhren zurückstellen. Die Nostalgie, der Wunsch, das vertraute Leben aus der Zarenepoche wiederaufzunehmen, verwies auf ihre Unfähigkeit, das Geschehene und den unumkehrbaren Aufbruch in eine neue Welt zu akzeptieren. Trotz aller Bekenntnisse zu demokratischen Reformen dominierte unter ihnen, wie es ein Zeitzeuge ausdrückte, eine »überlebte« Mentalität und eine Etikette, die sich nach wie vor an den überkommenen »Rangklassen« der Beamtenschaft aus dem 18. und 19. Jahrhundert orientierte.

Die ungewisse Zukunft ließ sich trotzdem nicht ausblenden. Ängste vor den unausweichlichen Veränderungen mischten sich mit einer ohnmächtigen Wut auf die Revolution. Klagen und Hasstiraden lähmten und verhinderten für gewöhnlich die aktive Tat. Jene, die ungeachtet dessen zur Waffe griffen, gerieten oftmals in einen Furor der Vergeltung. »Juden und Kommissare« fielen den Rächern ebenso in die Hände wie unzählige Bauern. Die Antwort vor allem auf den »Roten Terror« traf Dörfer und Städte gleichermaßen. Exzessive Gewaltanwendung, die häufig mit Übergriffen von Kosaken in Verbindung gebracht wurde, war die Konsequenz.

Den unsäglichen Gräueln folgte der Rückzug, nachdem die Feldzüge gescheitert waren. Die alten Eliten mussten sich auf Evakuierungsschiffe retten, viele ließen all ihren Besitz zurück. Insgesamt schätzt man die Zahl der Emigranten auf eineinhalb bis zwei Millionen. Wer nicht nach Ostasien – etwa nach China und Japan – sowie nach Amerika auswich, versuchte sein Glück unter anderem in Frankreich, Deutschland oder in den europäischen Nachbarländern der UdSSR. Ein »Russland jenseits der Grenze« entstand.

Menschen, denen die sichere, wenn auch oft mit prekären Verhältnissen verbundene Emigration nicht gelang, ereilte meist die Rache der unerbittlichen Sieger. Auf der Krim kam es zu monströsen Massakern. Zivilisten und Militärs, Frauen und Männer wurden zu Zehntausenden gelyncht, erschossen oder »aufgeknüpft«. Manche einst hellerleuchtete Prachtstraße, beispielsweise in Sewastopol, verwandelte sich in eine »Allee der Gehenkten«. Kaum eine Laterne, an der nicht eine oder mehrere Leichen baumelten.

Ist-Zustand und Zukunftsperspektiven

Die Landstriche, in denen sich die Rätemacht etablierte, boten ein trauriges Bild. Das Elend verdeutlichten auch die vielen eltern- bzw. obdachlosen Kinder und Jugendlichen. Angaben zu ihrer Zahl reichen von 800 000 bis zu mehreren Millionen. Für Letzteres sprechen sowjetische Meldungen, wonach sich sieben Millionen Halbwüchsige auf Bahnhöfen, in leerstehenden Gebäuden oder auf Baustellen herumgetrieben haben sollen. Auf Müllhalden suchten sie nach Essbarem.

Ihre Not und ihre Verwahrlosung symbolisierten den allgemeinen Zusammenbruch der Gesellschaft. Althergebrachte Normen zählten nicht mehr. Die »Unbeaufsichtigten«, wie man die Minderjährigen ohne feste Unterkunft und ohne familiäres Umfeld nannte, entwickelten ihren eigenen Jargon, ihren eigenen Kodex. Betteln und Hausieren prägten ihren Alltag. Manche verstümmelten sich selbst, um Mitleid zu erregen. Die meisten aber lebten von Diebstählen und Prostitution. »Päderasten-Bordelle« entstanden. Eine Statistik aus dem Jahr 1920 enthält schockierende Zahlen zur Lage einer deklassierten Jugend: 88 Prozent aller verwaisten Mädchen im Einflussbereich der Rätemacht sollen zumindest für gewisse Zeit sexuelle Dienste angeboten haben, bei den Buben mit ähnlichem Schicksal rechneten die Behörden mit vergleichbaren Werten.

Unterdessen machte sich eine allgemeine Gesetzlosigkeit breit. Amtsvergehen wie Bestechung, Dokumentenfälschung, eigenmächtige Durchsuchungen und Plünderungen waren an der Tagesordnung. Ebenso blühte die gewissermaßen »klassische« Kriminalität, die von der Schwarzbrennerei über Raub und Erpressung bis zu Mord reichte

»Es lebe der Komsomol«: ein sowjetisches Propagandaplakat für den kommunistischen Jugendverband aus dem Jahr 1924

und sich hauptsächlich im Milieu des überlebenswichtigen Schleichhandels epidemisch auszubreiten begann. Das Bandenwesen wiederum beschränkte sich nicht bloß auf die Jüngsten: Marodeure, Wehrdienstflüchtige oder auch Reste von rebellierenden Bauernverbänden vergrößerten das Heer der Gesetzlosen.

Den Staats- und Parteiinstitutionen mangelte es unter solchen Umständen nicht an (zum Teil kriminellen) Rekruten für den eigenen Unterdrückungsapparat. Die Kremlführung konnte vorwiegend auf die jüngeren Generationen bauen, die sich zu den Bolschewiki bekannten. Der kommunistische Jugendverband »Komsomol« wuchs speziell auf dem Land von 80 000 im Jahr 1922 auf rund 500 000 Mitglieder im Jahr 1925. Von ihnen wollten laut Umfragen allerdings die wenigsten in der Landwirtschaft tätig sein. Stadt, Industrie, Bildung und Modernisierung im Allgemeinen lockten sie mehr.

Das Fundament des späteren stalinistischen Regimes war somit bereits vorhanden: die neuen Kader, der (noch auf Lenin bezogene) Personenkult, ein ausuferndes Verwaltungssystem. Angestellte der öffentlichen Einrichtungen, deren Zahl von 1917 bis 1921 von knapp 580 000 auf 2,4 Millionen stieg, stellten das »Proletariat« in den Schatten. Es gab bald mehr Bürokraten als Arbeiter. Ein riesiges Netz weitverzweigter Institutionen legte sich über den »ersten sozialistischen Staat«. Die Fäden der Macht aber hielten ein überschaubarer Zirkel von kommunistischen Funktionären und letztlich der allgewaltige Parteiführer in Händen.

↗ **Illustration aus *Le Petit Journal* vom 24. Februar 1907 zu den revolutionären Gewaltexzessen in Russland**

5 Zusammenfassung und Ausblick

Laboratorium der Gewalt – Konglomerat der Konflikte

Die bedrückenden Entwicklungen, die mit dem Niedergang und Ende der Zarenherrschaft begannen, sind zu Recht vor allem unter dem Gesichtspunkt einer ausufernden Gewalt betrachtet worden. Ideologische Komponenten fanden dabei aber ebenso Berücksichtigung. Der Weltanschauungskampf nicht zuletzt der Bolschewiki spielte schließlich bei den Geschehnissen in den Gebieten des untergegangenen Imperiums der Romanow-Dynastie eine besondere Rolle. Die kommunistische Lesart marxistischer Klassenkampftheorien mündete, wie es viele Beobachter ausgedrückt haben, in eine neue Form des enthemmten Eiferns, in ein »Jakobinertum der Maschinengewehre«. Grausame Folterungen, Hinrichtungen und Massentötungen mussten wiederum zwangsläufig aggressive Reaktionen auslösen.

Aber trotz dieser unzweifelhaften Verbrechen des Sowjetregimes greift eine einseitige Beschuldigung Lenins und seiner Mitstreiter zu kurz. Scharfe Repressalien gehörten im Russländischen Reich seit Langem zum Repertoire der Herrschaftsausübung. Die Opposition tat es wiederum den Regierenden gleich. Letztlich radikalisierten sich viele Parteien, Nationalitäten, Konfessionen und Gesellschaftsgruppen. Alte und neue Feindbilder, von Verachtung erfüllte Weltdeutungen, hasserfüllter Revanchismus, extreme politische Programme, menschenverachtende Ideale und rücksichtlose Strategien zu ihrer Durchsetzung trugen zur Entgrenzung der Gewalt bei. Sie wurzelten ihrerseits in eklatanten sozialen Gegensätzen, der ungerechten Verteilung von Vermögen, Einfluss und Lebenschancen.

Eine latente Reichskrise hatte bereits im ausgehenden 19. Jahrhundert vermehrt zu Ausschreitungen geführt. Die Missstände mündeten schließlich 1905 in eine erste blutige Revolution. In deren Verlauf traten befremdliche, atavistisch anmutende Lebensverhältnisse, Straf- und Disziplinierungsmaßnahmen vor allem auch innerhalb der bäuerlichen Gemeinschaften besonders deutlich zutage. Vor dem Hintergrund des Revolutionsjahres 1917 kam außerdem die Brutalisierung der Soldaten durch die Fronterfahrungen ab 1914 zum Tragen. Eine scharfe Abgrenzung der Geschehnisse vor und nach 1917 sollte in jedem Fall vermieden werden. Speziell der Einfluss des Ersten Weltkriegs auf die revolutionären Umbrüche ist evident. Die Sowjetmacht stellte sich zunächst – und in gewisser Weise sogar auf längere Sicht – als eine Art militärisches Notstandssystem dar.

Das bolschewistische Regime in Petrograd und später in Moskau sah sich des Weiteren mit einer dauerhaften Pogromstimmung konfrontiert, die teilweise in frühere Epochen zurückreichte und keineswegs auf die Verfolgung jüdischer Gemeinden beschränkt blieb. Neben dem schrankenlosen Wüten des Antisemitismus verschärften sich auch andere ethnische und konfessionelle Rivalitäten vor allem an der Peripherie des vormaligen Kaiserreiches, etwa im Kaukasus: Sie wurden zu blutigen Konflikten, teilweise mit der Tendenz zum Völkermord.

Der enorme Hass, der gerade an den Rändern des Imperiums schwelte, relativiert im Übrigen eine nicht selten konstatierte »Verrohung der Russen«. Hinweise der Forschung auf die traditionell harte und rückwärtsgewandte Dorfgesellschaft sowie auf die mangelnde Bildung weiter Bevölkerungsteile lieferten für solche Urteile auf den ersten Blick plausible Erklärungen. Darüber hinaus passten sie zu den unzähligen,

Eine Szene aus *Doktor Schiwago*. Der Film aus dem Jahr 1965 mit Julie Christie und Omar Sharif in den Hauptrollen prägte international das Bild vom »Russischen Bürgerkrieg«. Die literarische Vorlage, das 700 Seiten umfassende, facettenreiche Werk des Nobelpreisträgers Boris Pasternak (1890–1960), wurde dabei allerdings sehr vereinfacht. Das Buch wiederum fungierte als Propagandainstrument im Kalten Krieg. Pasternak und sein *Doktor Schiwago* waren Gegenstand sowjetischer Diffamierungen.

bisweilen fragwürdigen Darstellungen eines oft klischeehaft abgewerteten Russischen Reiches und seiner Bewohner. Die weitverbreitete Ansicht, bei der »russischen Barbarei« handele es sich um eine Ausdrucksform der »asiatischen Despotie«, verweist auf gängige, vor allem im Westen kursierende Ressentiments.

Tatsächlich aber müssen die Konfliktsituationen sowie die damit verbundenen Gewaltspiralen jeweils im Einzelnen rekonstruiert werden. Spezifisch russisch waren diese Formen gesteigerter Aggression kaum. Vielmehr spiegelte sich darin ein Existenzkampf, der inmitten eines weitreichenden Staatszerfalls wenig Platz für geltende Ordnungsvorstellungen ließ: Der Verlust an Orientierung, die Infragestellung bisheriger Normen und die Überlebenstaktik in der Versorgungskatastrophe schufen eine Atmosphäre des Krieges »aller gegen alle«. Diese Stimmung förderte kriminelle Verhaltensweisen und verwischte die Grenzen zur allgemeinen Gesetzlosigkeit. Bandenwesen, Rebellenscharen und die Macht der Warlords sind Auswüchse dieser Anarchie.

Die Umwälzungen und Exzesse, denen sich Russland als Folge der Revolutionen gegenübersah, dienen aber nicht allein als Studienobjekt für die Gewaltforschung. Auch eine traditionellere Geschichtsschreibung, die sich mit politisch-weltanschaulichen und militärischen Aspekten beschäftigt, sieht sich bei der Analyse des Geschehenen vor beträchtliche Herausforderungen gestellt. Wie im einleitenden Kapitel erläutert, lassen sich die Rivalitäten schwerlich auf einen Gegensatz zwischen Rot und Weiß reduzieren. Das Verschwinden demokratisch-parlamentarischer Optionen speziell bis Ende 1918 änderte an der Komplexität des Konfliktgemenges ebenso wenig wie die generelle organisatorische Schwäche vor allem der gegen die Bolschewiki kämpfenden Sozialisten.

Die Geschehnisse sind – wie bereits betont wurde – ohne einen Blick auf die Folgen des Ersten Weltkrieges nicht zu verstehen. Gerade die Friedensfrage sowie die Haltung gegenüber den Mittelmächten, allen voran gegenüber Deutschland, wurden zu entscheidenden Aspekten im Zuge der Machtergreifung Lenins. Hinzu kamen die Interessen der Alliierten. Die Sowjetmacht hatte sich letztlich gegen beide Bündnissysteme des Weltkrieges zu behaupten.

Aktivitäten der ausländischen Intervention beeinflussten die Entwicklungen in Russland maßgeblich. Einem längerfristigen militärischen Engagement auf dem Territorium des untergegangenen Zarenimperiums, über den Waffenstillstand an der Westfront im November 1918 hinaus, fehlte international allerdings die Unterstützung. Antibolschewistische Kreuzzugskonzepte blieben weitgehend Fantasieprodukte. Die mangelnde Koordination zwischen Paris, London, Washington und

Ein deutsches Plakat aus dem Jahr 1919 mit antibolschewistischen Botschaften

Tokio war außerdem symptomatisch für die unvereinbaren geostrategischen Zielsetzungen der imperialen und kolonialen Politik verschiedener Großmächte.

Wie eng externe und interne Faktoren miteinander verflochten waren, wurde mehrfach offenbar. Das noch schwache Sowjetregime musste zunächst vielerorts insbesondere ausländischen Truppen weichen. Letztere bildeten Operationsplattformen und Schutzregionen für lokale antibolschewistische Verbände, die aus eigener Kraft wiederum kaum gegen die Bolschewiki bestehen konnten. Prosowjetische Kräfte schienen den Interventionstruppen der Alliierten und der Mittelmächte militärisch selten gewachsen. Den oppositionellen Strömungen innerhalb der alten Grenzen des Zarenreichs aber waren sie meist überlegen.

Ein »innerer Kampf« – im Sinne eines »Russischen Bürgerkrieges« – fand unter diesen Vorzeichen nur bedingt bzw. in unterschiedlichem Ausmaß statt. Gerade in den Randgebieten war die Reichskrise zudem primär eine Aneinanderreihung von Sezessionskriegen. In den jeweiligen Teilgebieten und neuen Staaten kam es gleichzeitig zu heftigen internen Zerwürfnissen, die sich mehrfach zu bewaffneten Konfrontationen entwickelten. Auf dem Territorium des einstmaligen Romanow-Imperiums tobten daher bisweilen mehrere ›Bürgerkriege‹ gleichzeitig.

Nicht allein die Abspaltungsbestrebungen vor allem der ›Randvölker‹ und die keineswegs unerhebliche ausländische Einmischung erschweren es jedoch, das Konglomerat an Krisen und Gefechten vorrangig als Ansammlung von ›Bürgerkriegen‹ zu bezeichnen. Auch die Erhebungen der Arbeiter und vor allem die beachtliche Dimension des Widerstandes in den Agrarregionen legen andere Charakterisierungen nahe. Für die spezifischen sozialen und lokalen Interessen insbesondere des Dorfes und dessen Abwehr gegen äußere Einflussfaktoren bietet es sich eher an, von ›Bauernrebellionen‹ oder ›Bauernkriegen‹ zu sprechen. Speziell in militärischer Hinsicht wären damit zudem vormoderne Kampfweisen erfasst, denen wiederum der Einsatz moderner Waffentechnologie gegenüberstand.

Begriffe und Definitionsversuche

Versucht man die ohnehin skizzenhafte Darstellung der Ereignisse vom Vorabend der Februarrevolution 1917 mindestens bis zur Gründung der UdSSR im Dezember 1922 noch einmal zusammenzufassen, so ergeben sich also einige Schwierigkeiten mit Begriffen und Definitionen. In diesem Zusammenhang gilt es neuerlich festzuhalten, dass auf dem Gebiet des Romanow-Imperiums und der späteren kommunistischen Sowjetmacht bekanntlich viele Ethnien lebten. Wie auch im Russischen oft üblich, sollte daher mit Blick auf das Zarenreich und die folgenden Entwicklungen besser das Adjektiv ›russländisch‹ und nicht die ethnische Bezeichnung ›russisch‹ verwendet werden.

Angesichts der vielschichtigen, ineinander verflochtenen Konflikte stellt sich außerdem die Frage, warum dem Bürgerkriegsbegriff bislang bei der Beschreibung der Geschehnisse eine derartig zentrale Bedeutung zugebilligt wurde. Die Beantwortung darf naturgemäß die Ideologie der Bolschewiki nicht außer Acht lassen. Immerhin dachte Lenin nicht nur in Bezug auf Russland, sondern auch international in Klassenkampf- und Bürgerkriegskategorien. Die Wortwahl nimmt daher zunächst auf kommunistische Sichtweisen Bezug.

Konjunktur hatte der Bürgerkriegsbegriff aber keineswegs ausschließlich in KP-Kreisen. Insbesondere seit dem Sturz des Zaren im Februar

Lenin am Roten Platz in Moskau während der Feiern zum 1. Mai im Jahr 1919. Trotz anderer bedeutender KP-Führer und wichtiger Kommandeure der Roten Armee blieb Lenin in den Kämpfen seit der Oktoberrevolution die Schlüsselfigur Sowjetrusslands.

bzw. März 1917 rechneten viele Kommentatoren und Zeitzeugen mit einem blutigen Machtkampf, einer gewaltsamen Auseinandersetzung zwischen den russischen Streitparteien. Gegner Lenins deuteten mit ihrer Verwendung des Ausdrucks auf eine gesellschaftliche Spaltung hin und suggerierten so wiederum eine gewisse Zustimmung zu ihren Standpunkten innerhalb der Bevölkerung.

Vom »Russischen Bürgerkrieg« zu sprechen, heißt daher, bestimmte politische Intentionen und ideologische Perspektiven ebenso beachten zu müssen wie die Haltung des »Moskauer Zentrums« zu den Randgebieten oder auch das Verhältnis der Russen zu den anderen Ethnien. In dieser Hinsicht kann gar nicht oft genug konstatiert werden: Etliche Nationalitäten sahen sich nicht mehr als Teil eines gemeinsamen Staatsverbandes. Mehrere Konflikte speziell nach der Oktoberrevolution waren von Abspaltungstendenzen geprägt.

Darüber hinaus verschärfte sich die Lage mitunter durch externe Unwägbarkeiten, etwa durch das Auftreten der Tschechoslowakischen Legion: Sie besetzte nach ihrer Revolte gegen das Sowjetregime Regionen von der Wolga bis nach Wladiwostok und brachte damit mehr Territorien unter ihre Kontrolle als jede andere Streitmacht des Ersten Weltkrieges. Die Intervention der Alliierten rief bei manchen Beobachtern bisweilen den Eindruck hervor, ein künstlicher Bürgerkrieg werde von außen geschürt und am Leben erhalten.

Schließlich hatte selbst Lenin den Bürgerkrieg nach der relativ raschen Überwindung der innenpolitischen Opposition eigentlich schon im Frühjahr 1918 für beendet erklärt. Dann aber folgte der Feldzug der Volkskommissare gegen große Teile der Bevölkerung. Antibolschewistische Aufstände erreichten auf diese Weise nicht bloß ein bislang unbekanntes Ausmaß. Sie veränderten sich auch qualitativ. Bauernkriege, gemeinsam mit Streikaktionen der Arbeiter und dem Aufstand der Kronstädter Matrosen, nahmen den Charakter einer neuen Revolution an. Nicht selten unter dem Einfluss von Sozialisten-Revolutionären verbanden sich nun auch auf dem Land Forderungen nach einer »echten Rätedemokratie« mit einem Interesse am Gesamtstaat, das zuvor schwächer ausgebildet gewesen war.

Eine »Bürgerrevolution«, die als neue große Umwälzung nach 1917 tendenziell dem ganzen »arbeitenden Volk« dienen sollte, scheiterte jedoch – wie geschildert – am mittlerweile gefestigteren und militarisierten Sowjetregime ebenso wie an der Versorgungskrise und den Unzulänglichkeiten der oppositionellen Bewegungen, die wiederum in beträchtlichem Ausmaß der Vergangenheit nachhingen. Letzteres galt übrigens keineswegs nur für die Weißen bzw. die »reaktionären« Kräfte. Dorfgesellschaften und auch Rebellenarmeen wie die von Nestor Machno waren nicht allein von den Weltkriegsfolgen und der Abwehr restaurativer wie kriegskommunistischer Strömungen geprägt, sondern auch von der Landarmut als Konsequenz der im Zarenreich erst spät aufgehobenen Leibeigenschaft.

Die »Bauernrevolution« war inmitten der politisch-ideologischen, sozialen, militärischen, interventionistischen, inneren und sezessionistischen Auseinandersetzungen nur eine zusätzliche, wenngleich vielleicht die bedeutendste Komponente im Umgestaltungsprozess vom Sturz des Zaren bis zur Bildung der Sowjetunion. Manche Forscher nennen diese Transformationsphase die »neue Zeit der Wirren« – in Anlehnung an die Krise des »moskowitischen« Reiches zu Beginn des 17. Jahrhunderts. Diese Bezeichnung erscheint unpräzise, berücksichtigt jedoch immerhin die Vielschichtigkeit der Problematik. Schon konservative und liberale Zeitgenossen haben die Epoche von 1917 bis 1922 als zweite *smuta* (russisch ›Unruhe, Aufruhr‹) verstanden, was im Übrigen auch auf ihre besondere Gewaltsamkeit hindeutet.

Bedenkt man, dass dem blutigen Chaos sowie den opferreichen Unruhen keine weitere Herrscherdynastie auf dem Zarenthron folgte und dass die gesellschaftlichen Umwälzungen nicht eingedämmt werden konnten, sondern zur bolschewistischen Diktatur führten, bedürfen die Analogieschlüsse jedoch einer Einschränkung: Die Betonung liegt auf der Neuartigkeit der grausamen »Wirren«. Mit Bezug auf den revolutionären Charakter und die herrschenden Bolschewiki empfehlen manche Experten daher die Betitelung »Revolutionskriege«, »Rote Wirren« oder »Revolutionäre Wirren«.

Will man hingegen den Selbstbestimmungswünschen der Völker im ehemaligen Zarenreich ebenso Rechnung tragen wie den Anliegen der Arbeiter und Bauern Russlands, ergeben sich andere Akzentuierungen und Gesamtinterpretationen der Geschehnisse von 1917 bis 1922. Diese Jahre stellen sich dann als Periode verschiedener Autonomie- und Unabhängigkeitsbemühungen im Zuge der bolschewistischen Machtergreifung und Machtbehauptung dar. Zusätzlich nahmen die Entwicklungen

Die Gründung der Sowjetunion am 30.12.1922
Spitzbergen
Nordsee
NORWEGEN
Franz-Josef-Land
SCHWEDEN
DT. REICH
Barentssee
FINNLAND
Ostsee
Murmansk
Nowaja Semlja
Weichsel
7
Warschau
LIT.
ESTL.
LE.
Karasee
Petrosawodsk
Weißes Meer
Petrograd
POLEN
Archangelsk
Petschora
Minsk
1 ASSR der Krim
2 Sowjetische Arbeitskommune, ab 1924 Wolgadeutsche ASSR
3 Dagestanische ASSR
4 Kabardino-Balkarische Autonome Oblast [ehemaliger Teil der Sowjetischen Gebirgsrepublik (GASSR)]
5 Tatarische ASSR
6 Baschkirische ASSR
7 Karelische Arbeiterkommune, ab 1923 Karelische ASSR
RUM.
Kiew
MOSKAU
Dnestr
Odessa
Charkow
Dnepr
Wolga
Kama
Ob
1
Kasan
Simferopol
5
Schwarzes Meer
Don
2
Marx-stadt
Samara
Ufa
Jekaterinburg
Jekaterinodar
6
Suchumi
4
17
Naltschik
Orenburg
Irtysch
Ural
Astrachan
OSM. REICH
(1923 Türkei)
16
3
Tiflis
Machat-schkala
Omsk
Tomsk
15
10
Jerewan
Kura
14
8 Jakutische ASSR
9 Demokratische Fernöstliche Republik (Auflösung 11/1922)
10 Kirgisische ASSR
11 Turkestanische ASSR
12 Choresmische Sowjetische Volksrepublik
13 Sozialistische Volksrepublik Buchara
14 Aserbaidschanische SSR
15 Armenische SSR
16 Georgische SSR
17 Abchasische SSR
Baku
Irak (brit.)
Aral-see
Ob
Kaspisches Meer
12
Chiwa
Saissan-see
11
Balchasch-see
Aschgabat
Buchara
11
Taschkent
Bischkek
PERSIEN
Amudarja
Syrdarja
13
CHINA
AFGHANISTAN
Gründungsmitglieder (Union der Sozialistischen Sowjetrepubliken-UdSSR) am 30.12.1922
Russische SFSR (RSFSR) – Zahlen 1 bis 13
Ukrainische SSR (USSR)
Weißrussische SSR (BSSR)
Transkaukasische SFSR (TSFSR) – Zahlen 14 bis 17
Gebiete des Russischen Reiches von 1914 die nicht Teil der Sowjetunion wurden

NORDPOLARMEER
Alaska
(USA)
Wrangel-
In.
Beringmeer
Sewernaja
Semlja
Neusibirische In.
Ostsibirische
See
Laptew-
see
Anadyr
Kolyma
Indigirka
Lena
8
Aldan
Kamtschatka
Jakutsk
Ochotskisches
Meer
Kurilen
Nikolajewsk
Nord-Sachalin
jap. besetzt
Sachalin
Angara
Lena
Amur
rasnojarsk
9
Baikal-
see
Chabarowsk
Tschita
Irkutsk
Amur
Argun
ANNU-
UWA
Mandschurei
Wladiwostok
JAPAN
MONGOLEI
Japanisches
Meer
Chōsen
(Korea)
zu Japan
CHINA
Gelber Fluss
Staatsgrenzen 1922
Grenze der UdSSR 1922
Grenzen der Sowjetrepubliken/autonome Rep./Volksrep.
Transsibirische Eisenbahn
überregionale und teilrepublikübergreifende Hauptstadt der Sowjetunion sowie der RSFSR
Hauptstädte in den Sowjetrepubliken
weitere Städte
©ZMSBw
08157-04

den durchaus tragischen Charakter eines vergeblichen Kampfes der Bevölkerungsmehrheit an, die den gewaltsamen Streit »unter Brüdern« zu verhindern und die »Errungenschaften von 1917« weniger gegen die chancenlosen Weißen als vielmehr gegen die einflussreicheren Bolschewiki zu verteidigen suchte. Die neue »Zeit der Wirren« ist unter diesem Gesichtspunkt kaum vornehmlich die Epoche eines Bürgerkrieges. Vielmehr darf sie in ihrer Gesamtheit als Ära einer von Intervention und Sezession mitgeprägten Revolution verstanden werden, als Phase eines fundamentalen Systemzusammenbruches und einer tiefgreifenden Neuordnung, die bis zur Gründung der UdSSR verschiedene Alternativen zur kommunistischen Diktatur anbot.

Der Sieg der Roten und die Folgen des »Bürgerkrieges«

Gründe dafür, dass sich die Bolschewiki auf dem Boden des untergegangenen Zarenreiches letztlich gegen alle Widrigkeiten eines komplexen Konfliktgemenges durchsetzen konnten, sind von Zeitgenossen und Historikern schon früh genannt worden. Obwohl der Mythos einer mehr oder minder monolithischen Kaderpartei angesichts der tatsächlich äußerst heterogenen Gefolgschaft Lenins fragwürdig ist, trat ein entscheidender Faktor bald hervor: Die Partei der Bolschewiki war zumindest im Vergleich mit ihren wichtigsten Gegnern straffer und besser organisiert, sodass sie in einem bis zur Anarchie gesteigerten Umwälzungsprozess auch als eine zunächst relativ kleine Gruppierung beträchtliche Wirkung erzielen konnte.

Mit ihren Friedenslosungen sowie ihren Land- und Nationalitätenprogrammen sicherten sich die Kommunisten in einem entscheidenden Augenblick wenigstens vorübergehend den Zuspruch weiter Teile der Bevölkerung. Von äußeren Feinden bedrängt, gelang es ihnen unter solchen Umständen zudem, patriotische Gefühle teilweise für ihre eigenen Operationen und Ziele zu nutzen: Der Machtkampf des Sowjetregimes stellte zwar einerseits den Entstehungsprozess eines neuen Systems dar. Andererseits repräsentierte die Kremlführung nach wie vor das gesamte Russland. Unter diesem Gesichtspunkt ist ihr Erfolg in den früheren Herrschaftsgebieten der Romanows auch Ausdruck einer gewissen Kontinuität. Speziell die Jahre 1917 bis 1922, also die »Wirren«

von der Abdankung Nikolaus' II. bis zur Gründung der UdSSR, sind als Krise, nicht aber als *Zusammenbruch* eines Reiches zu verstehen: Ungeachtet aller antiimperialistischen Rhetorik zerfiel es keineswegs, sondern lebte – geringfügig verkleinert – sozusagen unter roten Fahnen weiter.

Die Fähigkeit der Bolschewiki, den »Moskauer Staat« zu repräsentieren, brachte gleichzeitig in materieller, infrastruktureller und strategischer Hinsicht Vorteile gegenüber der Opposition: Der Kreml gebot, obwohl ihm zeitweilig wichtige Ressourcen etwa in der Ukraine entglitten, über das größere Industriepotenzial. Das »moskowitische Kerngebiet« verfügte außerdem über bessere Verkehrsnetze und somit auch über bessere Nachschublinien. Es konnte daher leichter behauptet werden als die Randgebiete des Imperiums, in denen antibolschewistische Kräfte aus dem In- und Ausland aktiv wurden.

Japan und die Westmächte wiederum blieben uneins und zögerlich, zumal sich der Kampf gegen das Sowjetregime keiner besonderen Beliebtheit erfreute. Die Siegermächte des Ersten Weltkrieges bereiteten letztendlich ihren Rückzug aus dem ehemaligen Zarenreich vor. Ihre Verbündeten unter den Russen mochten das als Verrat werten. Tatsächlich aber trugen sie durch mangelnde Koordination und offenen Zwist wenig dazu bei, die alliierten Interventionstruppen für sich zu gewinnen. Nicht einmal in rein militärisch-operativen Angelegenheiten fanden die weißen Generäle zueinander. Jeder kämpfte und verlor schließlich allein.

Sozialistische Kontrahenten Lenins bzw. demokratisch-parlamentarische Strömungen erwiesen sich als noch schwächer und unorganisierter. Hinzu kam, dass ihre Plädoyers für die Wiedereinberufung der von den Bolschewiki aufgelösten Verfassunggebenden Versammlung wirkungslos verhallten. Antikommunistische Parteien und Militärs überschätzten derartige Aufrufe, denn die meisten Menschen sahen in den Losungen der Räte und des »Roten Oktober« ihre Wünsche zumindest teilweise erfüllt. Ein neu belebter Parlamentarismus besaß in den Augen vieler keine Priorität. Die weißen Generäle wiederum konzentrierten sich auf die Entscheidungen auf dem Schlachtfeld. Und während sie auch in dieser Hinsicht mit Planungsmängeln konfrontiert waren, hatten sie den Menschen in den von ihnen vorübergehend besetzten Gebieten wenig zu bieten. Hinter hohlen Phrasen und unzureichenden

Demonstration anlässlich der Errichtung der Sowjetmacht im Gouvernement Wladimir, November 1917

Programmen verbargen sich oft nur oberflächlich reaktionäre Ideen, Rachegefühle und großrussischer Chauvinismus gegenüber ethnischen Unabhängigkeitsströmungen und konfessionellen Minderheiten.

Der allgegenwärtige Terror und die Rücksichtslosigkeit, mit der sich letztlich jede politische Gruppierung und jeder Kampfverband durchzusetzen versuchte, vergrößerten die Distanz der bäuerlichen Bevölkerungsmehrheit zu den verschiedenen Streitparteien. Das galt auch für die Anhänger Lenins. Dass die Bolschewiki ihre direkten Gegner und militärischen Rivalen in die Knie zwangen, konnte nicht über den anfangs begrenzten Einfluss der Kommunistischen Partei hinwegtäuschen.

Machtpraxis und Ideale der KP standen letztlich im Widerspruch zur Bevölkerungsmehrheit. Arbeiter und Soldaten erhoben sich schließlich gegen die Diktatur der Bolschewiki und zugunsten eines pluralistischeren Sowjetsystems. In vielen Agrarregionen durchkreuzten Beschlagnahmungen und Kollektivierungspläne der Kommunistischen Partei das Ziel der Bauern, über eigenes Land zu verfügen. Gegen diese Herausforderungen mochte Lenin effektivere Staatsapparate und eine wachsende Gefolgschaft ins Feld führen. Ausschlaggebend für die weiteren Entwicklungen aber waren nicht allein die Unterdrückungs- und Kontrollapparate. Nach jahrelangen Exzessen und zunehmenden Versorgungsengpässen lähmte die Hungerkatastrophe der beginnenden 1920er Jahre den Widerstandswillen gegen das Sowjetregime enorm. Selbst unter diesem Gesichtspunkt kann jedoch von einem vollständigen Sieg der Bolschewiki keine Rede sein. Dass ein Kompromiss mit weiten Teilen des Landes gefunden werden musste, manifestiert sich in der Einführung der Neuen Ökomischen Politik.

Lenin verschaffte sich damit – nicht zum ersten Mal – eine Atempause, die zudem gegenüber den »ausländischen Klassenfeinden« nötig schien. Traditionelle Diplomatie und Außenhandelsbeziehungen standen nach dem Ausbleiben eines mehr oder minder globalen Zusammenbruchs des kapitalistischen Systems wieder höher im Kurs. Die »Proletarier aller Länder« kamen dem bedrängten Sowjetrussland kaum zu Hilfe, die von der Kremlführung erhoffte Weltrevolution ließ auf sich warten. Nach kurzlebigen Räterepubliken in Bayern und Ungarn 1919 sowie weiteren vergeblichen Aufstandsversuchen gab es zunächst weder im Westen noch im zunehmend ins Blickfeld rückenden Ostasien Anzeichen für eine rasche Wende hin zum Kommunismus. Erst die Ausdehnung der sowjetischen Einflusssphäre infolge des Zweiten Weltkrieges und der Antagonismus der Supermächte im Kalten Krieg brachten einen tiefgreifenden Wandel der internationalen Kräfteverhältnisse mit sich.

Aus Moskauer Perspektive erfüllte die bis 1943 existierende Kommunistische Internationale die in sie gesteckten Erwartungen hingegen nicht. Mit der Schaffung der Sowjetunion war bis Ende der 1930er Jahre im Wesentlichen das Gebiet abgesteckt, auf dem die Ideologie und der Herrschaftsanspruch der kommunistischen Staats- und Parteiführung zur Geltung kommen konnten. Ihrem Einfluss waren also vorerst enge

Lenin auf dem I. Weltkongress der Kommunistischen Internationale (Komintern) im März 1919 in Moskau. Mithilfe der Komintern zielten die Bolschewiki und ihre ausländischen Sympathisanten auf die globale Revolution und Errichtung der KP- bzw. Räteherrschaft ab.

Grenzen gesetzt. Finnen, Polen und Balten hatten sich bereits erfolgreich abgespalten, in den verbliebenen Randgebieten musste die Sowjetmacht weiterhin mit Widerständen rechnen.

Prekär blieb zugleich die Lage im Zentrum des einstigen Zarenreichs. Neben dem Misstrauen gegenüber den Profiteuren der 1921 eingeführten Neuen Ökonomischen Politik und des dadurch etwas liberaleren Wirtschaftssystems bestanden noch immer beträchtliche Spannungen zwischen der Kommunistischen Partei und dem von ihr angeblich vertretenen »Proletariat« – ganz zu schweigen von der Kluft,

Die Erfahrungen seit der Revolution von 1917 prägen letztlich das Geschichtsverständnis in Russland über die Wende von 1989/91 hinaus. Zugleich ist die historische Erinnerung widersprüchlich. Der partiellen Aufrechterhaltung des sowjetischen Erbes steht etwa die Verehrung der Romanows gegenüber. Die Zarenfamilie wurde von der Russisch-Orthodoxen Kirche heiliggesprochen. Kurz darauf, in den Jahren 2002/03, entstand in Jekaterinburg die »Kathedrale auf dem Blut«. Sie befindet sich an jener Stelle, an der Nikolaus II., seine Frau, seine Kinder und seine letzten Bediensteten den Tod fanden.

die sich zwischen dem Regime und großen Teilen der Bauernschaft aufgetan hatte.

Unter Lenins Nachfolger Stalin folgten ab Ende der 1920er Jahre die Abkehr von der NÖP, die Zwangskollektivierung und Zwangsindustrialisierung sowie fortgesetzte Säuberungswellen in nahezu allen Lebensbereichen. Damit wurde das Sozialgefüge grundlegend verändert. Der brutale Modernisierungsschub beendete eine mindestens seit den 1860er Jahren, den Tagen der »Bauernbefreiung«, andauernde krisenhafte Transformation speziell der Agrargesellschaft.

An ihrem Ende stand ein totalitärer Staat, der wiederum als radikale Antwort auf die revolutionären Umwälzungen und Unruhen ab 1917 begriffen werden kann. Der Gewaltraum anarchisch anmutender »Wirren« verwandelte sich in das Schreckenssystem einer Ordnungshybris. Die uneingeschränkte Diktatur der Kommunistischen Partei und – mehr noch – ihres Führers beruhte in keinem geringen Ausmaß auf den Verfolgungsängsten, Aggressionen, Revanchegelüsten und Feindbildern der bis in die 1920er Jahre Entwurzelten und Traumatisierten.

Eine weitverbreitete Paranoia rührte vor diesem Hintergrund nicht zuletzt von der propagandistisch verstärkten Behauptung her, die Sowjetmacht sei permanent von äußeren und inneren Feinden bedroht. In immer realitätsferneren Betrachtungsweisen spiegelten sich die Erfahrungen von »Bürgerkrieg und Intervention« wider. Sie führten zur krankhaften Suche nach »Agenten und Spionen«, mündeten in die mörderische Beseitigung von »Schädlingen und Volksverrätern«. Gänzlich verschwinden sollten die Schatten der »Wirren« bis zur Wende 1989/91 nicht mehr. In gewisser Weise beeinflussten sie nachhaltig die Ansichten des kommunistischen Regimes und der sowjetischen Gesellschaft, verdunkelten sie dauerhaft das Welt- und Geschichtsbild der marxistisch-leninistischen Ideologie und der staatlich gelenkten Erinnerungskulturen.

Anhang

Zeittafel

Bis Ende Januar 1918 galt in Russland der Julianische Kalender. Zwecks Einheitlichkeit wird hier bei den Datumsangaben allerdings ausschließlich der Gregorianische Kalender verwendet.

1861	Aufhebung der Leibeigenschaft in Russland
1870er Jahre	Reformen im Imperium der Romanows und Entstehung revolutionärer, gewaltbereiter Gruppierungen
1881	Ermordung von Zar Alexander II.; Beginn einer konservativeren Regierungszeit; Entstehung weiterer Untergrundzirkel, u. a. mit Ausrichtung auf die »Arbeiterklasse« und den Marxismus
1891/92	Missernten und Hungersnot, gefolgt von einer Choleraepidemie
1890er Jahre	Zunahme von Protestbewegungen insbesondere im Bildungssektor; forcierte Industrialisierung; vermehrte Streiktätigkeit und Organisation der Arbeiterschaft in der Illegalität
1898	Gründung der Russländischen Sozialdemokratischen Arbeiterpartei (1903 Spaltung u. a. in Bolschewiki und Menschewiki)
1901/02	Gründung der Partei der Sozialisten-Revolutionäre
1905/07	Revolution infolge des Russisch-Japanischen Krieges; Verfassung und Entstehen eines schwachen Parlaments

1914

1. August	Kriegserklärung des Deutschen Reichs an Russland

1917

Januar – März	Demonstrations- und Streikwellen steigern sich zur »Februarrevolution« (nach dem Julianischen Kalender). Die Befehlsverweigerung der Garnison in der Hauptstadt Petrograd (Sankt Petersburg) führt zum Sturz des Zaren. Bildung einer neuen Provisorischen Regierung

	unter Lwow (später Kerenskij) sowie Entstehung einer Rätebewegung
April	Rückkehr Lenins aus dem Schweizer Exil; scharfer Oppositionskurs der Bolschewiki
Juli	Die letzte große Weltkriegsoffensive der russischen Armee scheitert (»Kerenskij-Offensive«); Unruhen in Petrograd
September	Regierung setzt sich im Konflikt gegen die Armee durch; Bildung der »weißen Bewegung« um den Armeeoberbefehlshaber Kornilow
6./7. November	Sturz der bisherigen Regierung; Lenin gründet die Sowjetrepublik unter bolschewistischer Führung (»Oktoberrevolution« nach dem Julianischen Kalender)
November/Dezember	Dekrete der Lenin-Regierung zur Friedens-, Nationalitäten- und Landfrage; Waffenstillstand mit den Mittelmächten; Wahlen zur Konstituierenden Versammlung; Gründung der Geheimpolizei Tscheka, Repressionen gegen Andersdenkende und Oppositionsparteien

1918

Januar – März	Auflösung der Konstituierenden Versammlung; Gründung der Roten Armee; Unabhängigkeitserklärungen vieler »Randvölker« des ehemaligen Zarenreichs; Abbruch der Friedensverhandlungen mit den Mittelmächten; Beginn der deutschen und österreichisch-ungarischen Offensive zur Besetzung der Ukraine, Estlands und Weißrusslands; Verlegung des Regierungssitzes nach Moskau; Entstehung einer »Weißen Armee«
3. März	Friede von Brest-Litowsk
März – Juli	Ausscheiden der linken Sozialisten-Revolutionäre aus der Sowjetregierung infolge des Brester Friedensvertrags; Entwicklung zur Ein-Parteien-Diktatur; Entstehen von Oppositionsgruppen; Erhebung der Tschechoslowakischen Legion gegen die Sowjetmacht; Gründung einer vor allem agrarsozialistisch geführten

Gegenregierung in Samara; Radikalisierung der Bolschewiki und Niederschlagung von Aufständen; Beginn der alliierten Intervention mit Landung britischer Truppen in Murmansk

16./17. Juli Ermordung der Zarenfamilie

30. August Attentat auf Lenin

5. September Proklamation des »Roten Terrors«

September–November Heterogene antibolschewistische Kräfte finden nicht zueinander; ein auf der Staatskonferenz von Ufa gebildetes Direktorium wird von Admiral Koltschak gestürzt. Zuvor gelingt der Roten Armee die Rückeroberung der Wolgaregion. Eine gemäßigt sozialistisch-demokratische Opposition innerhalb Russlands verliert an Bedeutung

Ab Oktober Zusammenbruch der Mittelmächte und anschließender Abzug der deutschen und österreichisch-ungarischen Truppen; vorübergehende Erfolge der Roten gegen alliierte Interventionstruppen; nationale Unabhängigkeitsbewegungen und Arbeiterproteste sowie Bauernaufstände

1919

2.–6. März Gründung der Kommunistischen Internationale auf dem 1. Weltkongress in Moskau

Januar – Dezember Intervention reichsdeutscher Truppen und Freikorps im Baltikum

März – Oktober Scheitern der großen Offensiven der Weißen unter Admiral Koltschak (Sibirien), General Judenitsch (Nordwestrussland) und General Denikin (Südrussland); erfolgreiche Gegenoffensiven der Roten Armee

1920

2. Februar Friedensvertrag von Dorpat zwischen Estland und Sowjetrussland

7. Februar Hinrichtung Koltschaks

Ab Frühjahr	Beginn von Bauernaufständen (Höhepunkt 1921, in der Provinz vermehrt bis 1922)
6. April	Entstehung einer »Demokratischen Fernöstlichen Republik«
Ende April	Rote Armee nimmt Aserbaidschan ein
7. Mai	Einnahme Kiews durch polnische und national-ukrainische Truppen
12. Juli	Frieden mit Litauen
11. August	Frieden mit Lettland
13.–25. August	Scheitern der sowjetischen Offensive bei Warschau (»Wunder an der Weichsel«)
14. Oktober	Friedensvertrag von Dorpat zwischen Finnland und Sowjetrussland
November	Zusammenbruch des letzten weißen Widerstands unter General Wrangel auf der Krim
Dezember	Rote Armee marschiert in Armenien ein

1921

18. März	Friedensvertrag von Riga zwischen Polen und Sowjetrussland
16. Februar	Rote Armee nimmt Georgien ein
28. Februar – 18. März	Kronstädter Aufstand: Konflikt zwischen der Führung der Bolschewiki und Trägern der Revolution von 1917; Lenins Regierung behält die Oberhand
Ab Frühjahr	Katastrophale Versorgungslage und Hungerkatastrophe; weiter Bauernaufstände in der Provinz (vor allem bis 1922)
März	Neue Ökonomische Politik, gleichzeitig Aufrechterhaltung der kommunistischen Diktatur und Maßnahmen gegen innerparteilichen Widerspruch

1922

Ab Januar/Februar	Verschärfung antikirchlicher Maßnahmen
April	Außenpolitisch trotz weltrevolutionärer Bestrebungen Etablierung traditioneller diplomatischer Beziehungen

	(seit 1920/21), Annäherung an Deutschland (Rapallo-Vertrag 16. April)
Sommer	Nach Verfolgung der Menschewiki Schlag gegen die Sozialisten-Revolutionäre (Verhaftungen und politischer Prozess)
Oktober	Abzug der letzten alliierten Interventionstruppen, Japaner verlassen Wladiwostok, Vereinigung der Fernöstlichen Republik mit Räterussland (15. November)
30. Dezember	Gründung der Union der Sozialistischen Sowjetrepubliken (UdSSR); noch längere Zeit Widerstand von »Banden«, Warlords und weißen Splittergruppen, Demobilisierung der »turkestanischen Front« erst 1926

Literaturhinweise

Beyrau, Dietrich: Krieg und Revolution. Russische Erfahrungen. Paderborn [u. a.] 2017.

Buldakov, V. P.: Krasnaja Smuta. Priroda i posledstvija revolucionnogo nasilija. Moskau 2010.

Bullock, David: The Russian Civil War, 1918–22. Oxford 2014.

Dornik, Wolfram / Lieb, Peter [u. a.]: Die Ukraine zwischen Selbstbestimmung und Fremdherrschaft. Graz 2011.

Figes, Orlando: Die Tragödie eines Volkes. Die Epoche der russischen Revolution 1891 bis 1924. Berlin 2014.

Graždanskaja vojna v Rossii (1917–1922). Istoričeskaja pamjat' i problemy memorializacii »krasnogo« i »belogo« dviženija. Moskau 2016.

Haumann, Heiko (Hrsg.): Die Russische Revolution 1917. 2., überarb. und erw. Aufl. Köln/Weimar/Wien 2016.

Moffat, Ian: The Allied Intervention in Russia. 1918–1920. The Diplomacy of Chaos. Basingstoke 2015.

Novikova, Ljudmila G.: An Anti-Bolshevik Alternative. The White Movement and the Civil War in the Russian North. Madison (WI) 2018.

Rossija v gody graždanskoj vojny, 1917–1922 gg. Očerki istorii i istoriografii. Moskau / Sankt Peterburg 2018.

Schnell, Felix: Räume des Schreckens. Gewalt und Gruppenmilitanz in der Ukraine 1905–1933. Hamburg 2012.

Smele, Jonathan D.: The »Russian« Civil Wars 1916–1926. Ten Years That Shook the World. London 2015.

Smith, Douglas: Der letzte Tanz. Der Untergang der russischen Aristokratie. Frankfurt a. M. 2014.

Swain, Geoffrey: The Origins of the Russian Civil War. Hoboken 2013.

Abbildungsnachweis

akg-images: 45, 64.1, 146 Archive Photos, 48 British Library, 87 East News, 32/33 Elizaveta Becker, 58 Heritage Images/Fine Art Images, 9 Science Source, 29, 37, 100, 110, 137 Sputnik, 55 UIG, 12, 13, 19, 22, 24, 30.1, 30.2, 39, 40, 51, 52, 53, 61, 64.2, 67, 74/75, 79, 81, 83, 84/85, 86, 89, 97, 99, 101, 104/105, 107, 113, 116, 117, 119, 121, 135, 144

bpk Bildagentur: 7

Picture alliance: 108, 122, 126 ullsteinbild, 129 Photo12, 147 imageBROKER/G. Thielmann

Süddeutsche Zeitung Photo: 28 Fine Art Images, 68, 125, 131 Rue des Archives, 20, 44, 71, 111 Scherl, 133 United Archives/IFA Film, 16, 27 United Archives/TopFoto, 10, 123

Personenregister